AF611724

UNIVERSITÉ DE DIJON — FACULTÉ DE DROIT

LA CORPORATION OUVRIÈRE À BESANÇON

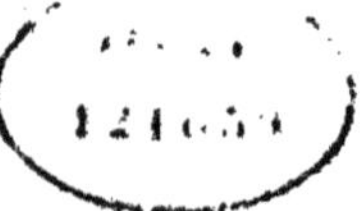

(XVIe-XVIIe SIÈCLES)

THÈSE POUR LE DOCTORAT

(SCIENCES JURIDIQUES)

soutenue devant la Faculté de Droit de l'Université de Dijon le Samedi 13 Juillet 1907, à 1 heure 1/2 du soir.

PAR

Frédéric GROSRENAUD

LICENCIÉ ÈS LETTRES

Président : M. CHAMPEAUX, *Professeur ;*

Suffragants : M. G. MARTIN, *Agrégé ;* M. SCHATZ, *Agrégé.*

BESANÇON

IMPRIMERIE - LIBRAIRIE CH. RAMBAUD

74, Grande-Rue et Rue Bersot, 50

1907

À MA MÈRE

BIBLIOGRAPHIE

I

Police du Noble Hôtel Consistorial de la Cité de Besançon (réputée par les Empereurs), Chambre et Bouchers du sainct Empire, départie en 9 libvres ou se voyent bien et dehuement reiglés tous les estats y estants ainsi qu'il convient à la république d'une telle Cité ». Ex mandato nobilis Simonis Gauthiot, exaravit HUGO DESCHAMPS, anno 1583 (1) (Archives du Doubs).

Ordonnances de Franche-Comté. — Besançon, J.-N. Couché, 1644.

Franche-Comté : pièces diverses (2). — Besançon, Nicolas de Moingeon, 1662.

Estat et dénombrement général des feux, maisons, hommes, femmes, enfants, varlets, etc., qu'il y a dans le Comté de Bourgogne, fait en l'année 1668. (Archives du Doubs.)

(1) La *Police du Noble Hôtel Consistorial de la Cité de Besançon*, qui fait aujourd'hui partie des Archives de la ville, est la copie exécutée en 1583, par les soins du Cogouverneur Ferdinand Gauthiot d'Ancier, d'un recueil compilé une trentaine d'années auparavant, sous les auspices de Simon Gauthiot d'Ancier, grand-père de Ferdinand, par les soins du Secrétaire d'Etat Lambelin, lequel mourut en 1558. — CASTAN, l'*Architecteur Hugues Sambin*. (Mém. Société d'Emulation du Doubs, année 1890), p. 379.

(2) Recueil d'opuscules divers et anonymes du XVIIe siècle.

Ordonnances, règlements et statuts des arts et métiers de la Cité royale de Besançon. — Besançon, chez Louis Rigoine, 1689.

II

D'ORIVAL. — *Ordonnances et usages de Besançon.* Besançon, Daclin, 1721.

DUNOD. — *Histoire de l'Eglise et du diocèse de Besançon.* Besançon, Daclin, 1750, 2 vol.

DROZ. — *Essai sur l'histoire des bourgeoisies du roi, des seigneurs et des villes.* Besançon, Daclin, 1760.

III

ROUGEBIEF. — *Histoire de la Franche-Comté ancienne et moderne.* Paris, Stevenard, 1851.

CASTAN. — *Les Origines de la commune de Besançon.* Besançon, Bulle, 1858.

Abbé SUCHET. — *Arts et métiers de Séquanie* (Bulletin de l'Académie des Belles-Lettres de Besançon, janvier 1867).

CASTAN. — *Charles-Quint et sa statue à Besançon* (Mémoires Société d'Emulation du Doubs, 1867).

DEY. — *Etude sur la condition des personnes, des biens et des communes au Comté de Bourgogne pendant le Moyen Age.* Besançon, Marion 1870.

CASTAN. — *La Table sculptée de l'Hôtel de Ville de Besançon et le Mobilier de la famille Gauthiot d'Ancier.* (Mémoires Société d'Emulation du Doubs 1879).

GAUTHIER. — *Statuts, insignes et armoiries des Corporations d'arts et métiers et des confréries militaires ou judiciaires de Franche-Comté* (XVe-XVIIIe siècles). Besançon, Jacquin, 1885.

HUBERT-VALLEROUX. — *Les Corporations d'arts et métiers.* Paris, Guillaumin, 1885.

FRANKLIN. — *La Vie privée d'autrefois* (XIIIe au XVIIIe siècle). Paris, Plon, 1887.

CASTAN. — *L'Architecteur Hugues Sambin.* (Mém. Société d'Emulation du Doubs, 1890.)

BOUSSEY. — *La Franche-Comté sous Louis XIV.* Besançon, Jacquin, 1891.

MARTIN-SAINT-LÉON. — *Histoire des Corporations de métiers.* Paris, Guillaumin, 1897.
CASTAN. — *Notes sur l'histoire municipale de Besançon.* Besançon, Dodivers, 1898.
HAUSER. — *Ouvriers du temps passé* (XVe et XVIe siècles). Paris, Alcan, 1898.
A. VAISSIER. — *La vigne et les vignerons de Besançon* (Bull. de l'Académie de Besançon, 1899).
LEVASSEUR. — *Histoire des Classes ouvrières en France.* Paris, Rousseau, 1900-1901, 2 vol.
CASTAN. — *Besançon et ses environs.* Besançon, Jacquin, 1901.
MARTIN-SAINT-LÉON. — *Le Compagnonnage.* Paris, Colin, 1901.
FRANKLIN. — *Dictionnaire historique des arts et métiers et professions exercées dans Paris, depuis le* XIIIe *siècle.* Paris, Weltzer, 1905, 2 vol.
CASTAN. — *Granvelle et le Petit Empire de Besançon.* (Mémoires Société d'Emulation du Doubs, 1905.)
HAUSER. — *Des divers modes d'organisation du travail dans l'ancienne France.* (Revue d'Histoire moderne, février 1906.)

ABRÉVIATIONS

Police N. H. — Police du Noble Hôtel Consistorial de la Cité de Besançon.
Statuts de 1689. — Ordonnances, règlements et statuts des arts et métiers de la Cité royale de Besançon. Rigoine, 1689.
Reg. mun. — Registres Municipaux de Besançon.

PRÉFACE

Le but que nous nous sommes proposé dans ce travail, a été de présenter un tableau de la Corporation ouvrière vivant à Besançon aux XVIe et XVIIe siècles, tableau que nous avons essayé reconstituer au moyen des statuts et règlements codifiés à cette époque et des Registres Municipaux, qui nous décrivent, pour ainsi dire jour par jour, la vie des artisans bisontins.

Nous avons voulu, avant tout, étudier la Corporation ouvrière de notre ville, sous sa forme proprement bisontine, c'est-à-dire avant la réunion de Besançon au royaume de France, alors que cette ville s'administrait encore elle-même, par ses cogouverneurs, et constituait au milieu de la Franche-Comté, une république indépendante, fièrement attachée à ses vieilles coutumes.

Nous avons été conduit, par la force des choses, à faire commencer notre étude au XVIe siècle, en raison même des difficultés innombrables que nous aurions rencontrées à chaque pas, si nous avions voulu retracer l'histoire des corporations de Besançon avant cette époque, c'est-à-dire pendant toute une période où l'on ne s'était nullement inquiété de rédiger des statuts pour les quelques corps de métier d'une ville qui était encore très peu commerçante, qui était surtout peuplée de paysans et de vignerons, et où l'industrie ne jouait qu'un rôle très secondaire, en tous cas fort insignifiant. Dans un tel état de choses, nous n'aurions eu pour intéresser le lecteur que quelques délibérations assez sèches des Registres Municipaux, s'occupant surtout et presque exclusivement, des règlements concernant la vente des denrées alimentaires, du pain, du poisson, de la viande, ou bien des droits à payer pour les vins étrangers et autres produits amenés dans la ville (1). Ajoutons enfin, pour ne laisser aucun point sans explication justificative, que les Registres Municipaux, qui ne commencent qu'à l'année 1290, ne deviennent réellement instructifs, à l'égard de la Corporation ouvrière, qu'à partir des dernières années du xve siècle et du commencement du siècle suivant.

D'un autre côté, nous n'avons pas voulu songer à poursuivre l'histoire de la Corporation bisontine après le xviie siècle et la conduire jusqu'à la Révolution, et cela, en raison même de l'idée directrice de notre travail, où notre projet a été uniquement d'étudier une des institutions caractéristiques de la petite république autonome de Besançon, et du sentiment intime que nous avions, à savoir, qu'en arrivant à l'ère de la domination française, nous serions tombé dans l'étude générale d'une corporation régie désormais par des lois communes à toute la France, et n'ayant plus, par conséquent, aucun caractère particulier et original.

Deux recueils de statuts nous ont permis de délimiter notre sujet d'une façon très précise. Le premier, intitulé : *Police du Noble Hôtel Consistorial de la Cité de Besançon*, qui fait aujourd'hui partie des archives de la ville, est la copie exécutée en 1583, sur l'ordre du cogouverneur Ferdinand Gauthiot d'Ancier, d'un recueil compilé une trentaine d'années auparavant, sous les auspices de Simon Gauthiot d'Ancier, grand-père de Ferdinand, par le Secrétaire d'Etat Lambelin : ce Lambelin étant mort en 1538, le texte du recueil est donc antérieur à cette époque et nous permet dès lors d'étudier la corporation ouvrière à Besançon, presque dès les débuts du xvie siècle.

A côté de ce recueil, nous en avons eu un second à notre disposition, intitulé : *Ordonnances, règlements et statuts des arts et métiers de Besançon*, et daté de 1689, qui, nous conduisant presque jusqu'aux dernières années du xviie siècle, nous

(1) Reg. mun. 14 novembre 1290 ; 10 février 1302 ; 1er février 1395 ; 21 août 1404 ; 26 janvier 1411 ; 15 septembre 1427 ; 12 mars 1443 ; 16 juillet 1445 ; 11 février 1446 ; 6 avril 1446 ; 7 décembre 1446 ; 18 avril 1452 ; 10 juin 1452 ; 26 juillet 1452 ; 24 janvier 1457 ; 27 mars 1460 ; 23 août 1469 ; 26 septembre 1470.

a permis de suivre très facilement l'évolution de la Corporation bisontine, du XVIe au XVIIe siècle, et d'en saisir les traits les plus caractéristiques.

Et ainsi, entre ces deux recueils nous avons trouvé encastrée en quelque sorte toute l'histoire de la Corporation bisontine pendant deux siècles, et les renseignements qui ne nous ont pas été donnés par le premier de ces livres, nous ont été fournis par le second. Et en effet, si le recueil de 1689 est bien moins complet que celui de la *Police du Noble Hôtel Consistorial*; s'il passe en revue un nombre bien moins grand de corps de métiers, s'il s'intéresse surtout aux communautés s'occupant de la construction et du bâtiment, par contre, ce qui en fait l'importance documentaire, c'est son souci plus grand de régler les conditions de l'apprentissage, de la réception à la maîtrise, de la confection du chef-d'œuvre, enfin de la nomination des maîtres du métier; et c'est cela même, qui nous permet de le considérer comme constituant, pour ainsi dire, le testament véritable de l'état de choses du siècle précédent.

Nous aurions pu, dans cette étude de la Corporation ouvrière de Besançon, introduire quelques chiffres, et, partant de renseignements que nous fournissent certains statuts, nous donnant non seulement le salaire journalier d'un ouvrier, mais encore le prix du blé, de la viande, du poisson, du gibier et même des chapeaux, essayer de déterminer si la vie de l'ouvrier de cette époque était plus large et plus aisée que celle de l'artisan de nos jours. Nous n'avons pas voulu nous lancer dans pareille entreprise, car, pour en sortir autrement que par des calculs de probabilités qui ne disent absolument rien, il aurait fallu tout d'abord connaître la valeur de la monnaie en laquelle est exprimée la chose dont nous parlent les statuts, ne pas se perdre ensuite au milieu des difficultés résultant de la variété infinie des espèces monétaires, enfin, ne pas rencontrer devant soi cette question insoluble du pouvoir de l'argent aux diverses époques : les exigences de nos pères n'étaient pas les nôtres, leurs goûts étaient plus simples et plus modestes, leurs sources de dépenses moins nombreuses, tant pour le logement que pour l'habillement et l'habitation ; ils ne connaissaient pas enfin et surtout ces mille choses dont nous agrémentons aujourd'hui notre existence, et qui constituent la pierre d'achoppement d'un budget à équilibrer. Dans de telles conditions, nous nous en voudrions de parler de chiffres, surtout après avoir vu que M. d'Avenel, cherchant quelle était, comparativement à nos jours, la valeur d'un kilogramme d'argent au xve siècle, lui accorde seulement 6 fois sa valeur actuelle, alors que de son côté Siméon Luce propose de multiplier le prix ancien par 24! De telles contradictions suffisent pour assagir les esprits les plus téméraires et les plus aventureux.

Nous nous sommes donc éloigné avec peut-être un peu trop de précipitation de problèmes aussi délicats, pour aborder des questions plus simples, auxquelles cependant nous avons trouvé des difficultés.

Nous avons divisé notre étude en deux grandes parties : dans la première, très brève et très rapide, après avoir dit quelques mots de la situation de Besançon aux xvie et xviie siècles, de son administration, enfin de l'organisation du travail dans cette ville, nous faisons défiler devant les yeux la plupart des corporations dont les statuts sont enregistrés à l'époque à laquelle nous nous plaçons, car, pas plus qu'on ne peut procéder à l'inspection d'une armée et apprendre à connaître les différents éléments qui la composent, sans en faire défiler tous les hommes un à un devant soi, pas plus on ne peut donner une idée des corps de métiers, qu'en présentant ceux-ci tour à tour, avec l'énumération si instructive et si précieuse de leurs statuts et de leurs règlements. Si cette partie de notre travail est quelque peu aride, ce n'est pas faute d'avoir essayé de la rendre vivante : parmi ces milliers de statuts que nous avons trouvés, nous avons fait un choix sérieux, et avons essayé de ne présenter que ceux qui étaient les plus intéressants et qui pouvaient nous renseigner le mieux sur les ouvriers des xvie et xviie siècles, sur leur vie et sur leurs mœurs. Si nous avons échoué dans notre tentative, et si nous paraissons nous être noyé dans les statuts, nous aurons toutefois en notre faveur le mérite de nos intentions.

Dans la seconde partie de notre travail, la plus importante, nous pénétrons cette fois dans le sein même de la corporation, dont jusqu'alors nous n'avions fait que le tour, nous en étudions l'organisation intérieure et la vie intime, visitant tour à tour les apprentis, les ouvriers et les maitres, étudiant l'administration de la corporation avec la juridiction des gouverneurs de Besançon, des gardes jurés, des assemblées des métiers, enfin nous informant des us et coutumes des travailleurs de l'époque, de la réglementation de leur travail, enfin de leur commerce.

Ainsi compris, notre travail n'est pas autre chose qu'un travail d'histoire du droit; mais, étant donnée cette démarcation si peu tranchée et somme toute si arbitraire par laquelle l'on différencie parfois le droit privé du droit public, l'on pourrait peut-être reprocher à cette étude de revêtir à certains égards les allures d'une étude de droit économique. Au cas où pareille critique pourrait nous être faite, nous ferons remarquer que nous présentons au lecteur l'histoire de la codification des premières lois établissant l'organisation juridique du travail à Besançon, et que nous nous sommes efforcé, dans tout le cours de cet ouvrage, d'en mettre en lumière la réglementation et la procédure. Ce sera là, parmi toutes les autres que nous pourrions présenter, notre meilleure justification.

LIVRE I

CHAPITRE PREMIER

BESANÇON AUX XVIe ET XVIIe SIÈCLES. — SON ADMINISTRATION. — LES GOUVERNEURS. — LES 28. — LE SECRÉTAIRE, LE TRÉSORIER, LE CONTROLEUR, LE PROCUREUR DE LA CITÉ.

Avant d'étudier la Corporation ouvrière de Besançon, il nous semble indispensable de dire en quelques mots ce qu'était cette ville à l'époque à laquelle nous nous plaçons, de montrer le caractère tout à fait particulier de cette cité qui reste ville indépendante et république autonome, sous la suzeraineté de l'Empire, s'administre elle-même par ses gouverneurs, et conserve cette situation privilégiée jusqu'en 1674, époque de la conquête française.

Située au centre de l'ancienne Séquanie, devenue plus tard la province de Franche-Comté, occupant en sa partie essentielle, sise sur la rive gauche du Doubs, une presqu'île formée par une boucle de la rivière et adossée à un massif rocheux, escarpé sur ses trois faces externes et constituant un gradin avancé de la chaine du Lomont, la quatrième des arêtes de la barrière des monts Jura, Besançon fut au XVIe siècle, et presque jusqu'à la fin du XVIIe (1674) une petite république complètement autonome, malgré trois puissances avec lesquelles elle aurait pu avoir à compter, et qui eussent été fort dangereuses pour son indépendance, si la rivalité ne les avait amoindries.

C'étaient tout d'abord ses suzerains, les Empereurs, qui pouvaient étendre ou restreindre comme ils l'entendaient les privilèges de cette Cité; c'étaient ensuite les comtes de Bourgogne qui, à la moindre querelle, pouvaient couper les vivres aux citoyens, en interdisant les marchés et les foires de cette ville aux habitants du reste de la contrée; c'étaient enfin les Archevêques qui se prétendaient toujours seigneurs de Besançon et usaient fréquemment des foudres ecclésiastiques pour défendre les vestiges de leur ancienne splendeur (1).

Que d'habileté, que de tact, que d'énergie il fallut à la petite république bisontine pour évoluer entre des adversaires aussi dangereux, pour neutraliser leurs forces redoutables en les opposant les unes aux autres! Avec une adresse dont nous trouvons peu d'exemples dans l'histoire, elle sut disputer pied à pied le terrain à ces ennemis qui auraient pu mettre la main sur elle, retirer à elle tous les éléments du pouvoir, et rester envers et contre tous, le petit Etat, unique en son genre que nous connaissons, analogue comme organisation aux républiques italiennes et aux villes libres allemandes.

Elle sut rendre ses relations avec l'Empire rares et lointaines, et l'on est étonné de voir avec quelle diplomatie elle sut entretenir avec le comte de Bourgogne, dont les Etats l'entouraient de toutes parts, des relations pourtant fort délicates, rendues épineuses et difficiles à chaque instant par des conflits douaniers, des contestations de frontière, enfin et surtout par des rivalités de juridiction entre le Parlement de Dôle et les Gouverneurs.

Quoiqu'en fait et en droit, Besançon ait été soumise à la suzeraineté de l'Empire, cette ville s'administrait souverainement elle-même, par l'entremise de ses Gouverneurs et de ses notables, et, chose remarquable, l'intervention de l'Empire au XVIe siècle se bornait à l'envoi, de temps à autre, — pour surveiller les élections, et sur la demande des comtes de Bourgogne, rois d'Espagne, qui craignaient l'esprit tumultueux des habitants et les progrès de la Réforme à Besançon, — d'un ou plusieurs commissaires qui apportaient des lettres impériales, contrôlaient les opérations du vote, et exhortaient les habitants à ne choisir que des mandataires paisibles.

Quant aux comtes de Bourgogne, leurs moyens d'action

(1) Castan. *Charles-Quint et sa statue*, p. 187.

dans la ville consistaient uniquement en la personne de deux officiers qu'ils possédaient à Besançon, un juge et un capitaine qui les y représentaient dans une certaine mesure. Mais, si le juge résidait effectivement à Besançon, le capitaine n'y était d'habitude que très rarement : très souvent, c'était le Gouverneur même de la Franche-Comté qui exerçait en plus, la charge de capitaine de Besançon.

Donc, en résumé, les relations de Besançon avec l'Empire et les comtes de Bourgogne n'étaient que très précaires et très intermittentes, et depuis la révolution communale qui avait ôté à l'Archevêque ses droits sur les habitants, le seul pouvoir effectif de la ville était celui qui était exercé par les cogouverneurs, et cette situation se prolongea jusqu'au moment où, au XVIIe siècle, Besançon fut échangée par l'Empire contre Frankenthal qui appartenait à l'Espagne, maîtresse depuis Charles-Quint du comté de Bourgogne, et cessa d'être ville libre impériale pour devenir ville comtoise.

Ajoutons, pour être complet, que la conquête française, après 1674, fit de Besançon, la capitale de la Franche-Comté, en dépouillant Dôle, à son profit, de l'Université, du Parlement de la Monnaie et du siège du gouvernement de la province, et en les transférant dans ses murs.

Nous avons déjà signalé le rôle essentiel que jouaient les Cogouverneurs dans l'administration de Besançon. Il importe donc maintenant de dire exactement ce qu'étaient ces magistrats, de voir par qui et comment ils étaient nommés, de déterminer quelles étaient leurs fonctions, enfin de parler brièvement des fonctionnaires qui les entouraient et les secondaient dans leur tâche.

Tous les ans, le jour de la fête de saint Jean-Baptiste, les gentilshommes et citoyens de la ville étaient convoqués au son des cloches, pour assister à la messe du Saint-Esprit qui se célébrait en l'église Saint-Pierre. Là, selon le rite consacré, l'on adressait les prières habituelles à la Divinité Suprême, à la «glorieuse Trinité», aux saints et aux saintes, l'on appelait leur haute protection sur la ville, enfin et surtout on leur demandait de mener à bien l'élection des Gouverneurs qui allait avoir lieu, et dont cette cérémonie religieuse était le prélude (1).

(1) Police N. II., p. 7.

Le service terminé, les Gouverneurs sortants, qui avaient assisté à l'office, quittaient alors l'église accompagnés des sergents et se rendaient aussitôt à l'Hôtel Consistorial. De leur côté, les citoyens regagnaient leurs bannières, et s'assemblaient dans l'endroit où habituellement avaient lieu les élections. Là, après avoir prêté le serment consacré (1), ils procédaient à la nomination de 4 « hommes de bien », ce qui pour les 7 Bannières de Besançon donnait un total de 28 élus, que l'on appelait les 28 notables, et qui avaient pour mission de nommer à leur tour 14 de leurs concitoyens (2 par chaque Bannière) pour exercer les fonctions de Gouverneurs pendant un an.

Les notables avaient la faculté d'ajourner plus ou moins longtemps le dépouillement de ce scrutin, et tant que durait l'interrègne, c'est-à-dire généralement pendant une huitaine, c'était à eux qu'appartenait le gouvernement de la chose publique.

Dès le lendemain de l'élection des Gouverneurs, les notables de chaque Bannière se réunissaient en l'Hôtel Consistorial, au son de la cloche, inscrivaient sur 7 listes les noms des élus, et les soumettaient à l'approbation des 14 magistrats sortants. Cette élection ratifiée, les nouveaux Gouverneurs appelés, le Procureur-Syndic de la Cité leur faisait prêter le serment d'usage et les invitait même à jurer qu'ils n'avaient nullement sollicité les fonctions qui leur étaient conférées, ni rien fait par brigue ou intrigue pour s'en faire investir (2).

Le corps des Gouverneurs n'avait pas de président annuel (3):

(1) Franche-Comté, pièces diverses, p. 12. « Je jure le Dieu tout-puissant, Père, Fils et Sainct Esprit, en la vérité des Saincts Evangilles que je touche de mes mains, et soub le péril de ma damnation, que je n'ay pour l'élection qui présentement doit estre par moy faitte, brigué ny fait briguer par autre, donné, ny promis, fait donner ny promettre, donneray ni promettray à aucun, chose que ce soit directement ny indirectement, ny pour moi, ny pour autre. Et que je n'ay aussi sollicité par lesdits moyens qu'autre n'y fut appelé légitimement et eslu.

Que je nommeray pour ladicte Election les 4 personnages plus hommes de bien, dignes et capables de ladicte charge qu'en ma conscience j'estimeray estre pour le bien de ceste Cité, honneur et profit publicque.

Et que je ne nommeray aucun que je sache, ou estime en mon âme avoir brigué, ny faict briguer en façon que ce soit. Ainsi m'aydent Dieu et tous les Sainctz.

(2) Franche-Comté, pièces diverses, p. 13.

(3) Les notables au contraire choisissaient parmi eux un président qu'ils conservaient toute l'année.

a tour de rôle, et pendant une semaine, chacun d'eux présidait la Compagnie : l'on commençait par ceux de la Bannière Saint-Quentin, pour finir par ceux de la Bannière d'Arènes, et ainsi de suite. Comme dédommagement de leurs peines, tous les lundi, mercredi et vendredi, chacun des Gouverneurs touchait 2 blancs, le Président 4, à la condition toutefois d'être présents, sinon le salaire des absents allait accroître celui des magistrats qui étaient présents (1). Chacun d'eux avait droit aussi à une indemnité toutes les fois qu'il était astreint à un déplacement quelconque dans l'intérêt de la chose publique, indemnité variable selon qu'il s'éloignait de plus ou de moins de 30 lieues (2). De plus, les Gouverneurs étaient exempts de toutes corvées, des droits de la gabelle, du signet des moulins et des portes, enfin, des obligations du guet et de la garde des portes ; et, comme faveur posthume, lorsqu'ils décédaient pendant l'exercice de leur mandat, la Cité leur faisait hommage de 6 cierges de cire, et toutes les églises devaient sonner une heure après leur mort : toutefois, s'ils trépassaient pendant la nuit, l'on remettait ce carillon au lendemain matin.

Par privilège tout spécial, on les enterrait en l'église de la Madeleine, dans le chœur même, au-dessus de la place réservée aux Chanoines (3).

Remplie d'égards pour les Gouverneurs défunts, l'Eglise accordait aussi les mêmes faveurs aux Gouverneurs en exercice, et tous les dimanches, dans leurs prônes et sermons, ses prêtres priaient Dieu de protéger ces magistrats et de les inspirer dans leur administration (4).

Les jours de séance des Gouverneurs étaient le lundi, le mercredi et le vendredi : ils se réunissaient au son de la cloche de l'Hôtel Consistorial que l'on faisait sonner un quart d'heure environ avant l'ouverture des délibérations ; les retardataires ou les manquants étaient punis d'une amende

(1) Police N. H., p. 4.

(2) Quand leur déplacement était de moins de 30 lieues, ils avaient de 18 gros à 2 fr. par jour ; lorsqu'il était de plus de 30 lieues, il s'augmentait de 2 et 3 gros. Police N. H., p. 6.

(3) Police N. H., p. 4.

(4) Police N. H., p. 4.

de 4 blancs, à moins qu'ils ne puissent justifier d'une excuse plausible, telle que maladie, ou service de la Cité.

En cas d'urgence, et sur l'avis de 2 ou 3 Gouverneurs, le Président pouvait provoquer une réunion extraordinaire de cette Assemblée et faire sonner la cloche pour inviter ses membres à se rendre à l'Hôtel Consistorial.

Les assemblées s'ouvraient sous la présidence du Gouverneur président de semaine (1) : celui-ci était assis à la place d'honneur devant le bureau, et avait en mains une liste de toutes les affaires qui devaient être mises en délibération pendant la séance. Lorsque l'un des Gouverneurs développait une opinion, les autres devaient l'écouter en silence, sans se permettre de l'interrompre, sous peine de payer « les chappons et perdrix d'un diné s'ils en sont repris par trois fois (2) ». Si, à la suite des délibérations, il y avait quelque difficulté, l'on pouvait remettre la décision au lendemain, afin de se donner le temps de réfléchir, et de rapporter un avis mûrement élaboré.

Les différentes affaires inscrites au rôle du Président devaient se régler en ordre, les unes à la suite des autres, et lorsque ce magistrat en avait mis une en discussion, nul ne pouvait en proposer une autre, avant que l'examen de celle-ci ne soit complètement terminé. Toutes les délibérations devaient être tenues secrètes sous peine de punitions arbitraires et d'une suspension qui pouvait être d'une semaine, d'un mois, d'un an, ou même définitive.

Souverains en matière d'administration et de police communale, les Gouverneurs instruisaient les procès de tout genre qu'ils jugeaient avec l'assistance du juge que les souverains de la province entretenaient dans la Cité, et leurs sentences étaient exécutées par l'une des trois cours de justice concurrentes qui existaient à Besançon : la Régalie, la Vicomté et la Mairie. Définitives en matière criminelle, leurs décisions, en matière civile, ne pouvaient être cassées que par le Conseil Aulique de l'Empereur d'Allemagne, suzerain de la Cité (3).

(1) En cas d'absence de celui-ci, il était remplacé par son « consort », c'est-à-dire par celui de ses collègues qui appartenait à la même Bannière que lui.

(2) Police N. II., p. 4.

(3) Castan. *Besançon et ses environs*, p. 34-35.

Dans leur administration, les Gouverneurs étaient surveillés par les 28 qui avaient le droit de remontrance sur tous leurs actes, et avaient toujours la liberté de leur demander audience pour leur adresser leurs observations, constituant ainsi « les organes du populaire auprès du Gouvernement (1).» Les Gouverneurs, du reste, les appelaient dans leur conseil, s'ils avaient à traiter de questions d'une importance toute particulière, et ils mandaient même parfois les anciens Gouverneurs, c'est-à-dire les citoyens qui avaient été honorés jadis de cette magistrature, afin de s'éclairer de leurs avis, lorsqu'il s'agissait pour eux, soit de légiférer sur des questions délicates, soit d'intervenir dans la politique extérieure.

Les Gouverneurs, dans leur tâche si complexe, étaient enfin secondés par un Secrétaire, un Trésorier, un Contrôleur, un Procureur, dont ils avaient le choix. — Disons quelques mots très rapides des fonctions de chacun de ces fonctionnaires.

Les qualités que l'on exigeait du Secrétaire étaient nombreuses : il devait connaitre le latin et le français, être loyal et obéissant, discret, plein de zèle et de dévouement. C'était lui qui avait en mains tous les registres, ceux sur lesquels étaient inscrits les noms des Gouverneurs, ceux où l'on mentionnait les amendes civiles, les actes interlocutoires, les noms des perturbateurs de la Cité, les sentences définitives, enfin les jugements criminels. Il enregistrait le courrier des Gouverneurs à l'arrivée et au départ.

Ses fonctions devaient être assez absorbantes, car les statuts lui prescrivent d'arriver toujours le premier à l'Hôtel Consistorial et de n'en sortir que le dernier. Comme traitement ordinaire, il avait 15 florins par an, et, quand il se déplaçait, recevait une indemnité de 5 gros par jour, avec remboursement de toutes ses dépenses. Il était dispensé de tout impôt, du guet et de toutes autres corvées (2), et à sa mort la Cité lui faisait l'hommage de 4 torches de cire (3).

Le Trésorier avait la gestion de la caisse de la Cité : « l'on ne peut faire les grandes choses sans argent », nous disent les statuts, c'est là « l'argument de ce que dit César, *pecunia est*

(1) Castan. *Besançon et ses environs*, p. 35.
(2) Reg. mun., 27 janvier 1522.
(3) Police N. II., p. 8, 9 et 10.

nervus belli, et l'argent ne se peut mander que par les Trésoriers (1) ». C'était lui qui rapportait les gabelles et impôts divers, et prélevait les recettes ordinaires et extraordinaires ; mais, tout en lui recommandant de recueillir « diligemment » les deniers, les règlements lui prescrivent de le faire « au moins de foulle qu'il pourra sur les pauvres gens, afin que le pauvre peuple ne soit dommagé et appauvri (2). » Il avait aussi comme mission de visiter les moulins, les murs et fortifications de la Cité, les toits des maisons, de juger de leur état, et en cas de besoin, de les faire réparer ; c'était lui enfin qui encaissait l'argent contenu dans les « boites » des Portes de la Cité, contrôlait le contenu de celles-ci, et avait la surveillance des vignes appartenant à la ville. Son traitement et les différentes indemnités qu'il touchait étaient les mêmes que pour le Secrétaire.

Quant au Contrôleur, sa mission était d'inscrire les amendes et les entrées de vin, de sel et de harengs dans la ville ; il percevait les revenus des différentes fermes et amodiations, visitait enfin les moulins, écluses, tours et murailles, de concert avec le Trésorier et, quand des ouvriers y travaillaient, était astreint à 2 ou 3 inspections par jour. Son salaire annuel était de 10 florins ; il avait en sus une voiture de bois le jour des Trépassés, était dispensé du guet et de toutes corvées, et pouvait avoir à sa disposition une Dizaine et un Lieutenant dont il prenait le commandement en cas « d'éminent péril (3) ».

Auprès de ces fonctionnaires, prenait place enfin un Procureur dont la mission consistait à faire exécuter toutes les sentences rendues tant par la juridiction civile que par la juridiction ecclésiastique : c'était lui que les Gouverneurs chargeaient de faire exécuter leurs décisions contre les membres fautifs des différentes Corporations, et il avait à sa disposition une Dizaine et un Lieutenant qui servaient à lui prêter main-forte en cas de besoin, et dont il avait en tout temps le commandement (4).

Telle était en résumé l'administration de la Cité de Besançon, présentant le type tout à fait original, à cette époque, d'un gouvernement essentiellement démocratique.

(1) Police N. H., p. 10 et 11.
(2) Police N. H., p. 11.
(3) Police N. H., p. 12.
(4) Police N. H., p. 13 et 14.

CHAPITRE II

L'ORGANISATION DU TRAVAIL A BESANÇON AUX XVIe ET XVIIe SIÈCLES

Quelle était dans cette ville de Besançon, dont nous venons de présenter un tableau, et dont nous avons décrit l'administration, l'organisation du travail ?

L'erreur habituelle dans laquelle on tombe, lorsqu'on étudie les communautés d'une ville, consiste à ne voir celles-ci que sur le modèle des maitrises parisiennes, les plus célèbres, les mieux connues, qui ont servi types pour bien des villes. Aussi, afin d'éviter dans cette histoire de la Corporation bisontine, une généralisation semblable, avant toutes choses, avant toute idée préconçue et a priori, nous devons nous demander si l'institution corporative a été la première, l'unique forme de l'organisation du travail à Besançon, et si, aux XVIe et XVIIe siècles, nous nous trouvons en présence d'une jurande dûment constituée, pourvue de son état civil, ou bien si nous rencontrons devant nous la liberté du travail, en entendant bien naturellement ces mots de liberté du travail de la façon dont on les comprenait à cette époque, c'est-à-dire avec une signification large et flexible, car, encore plus que le régime des jurandes, comme nous le dit M. Hauser, « celui des métiers libres est singulièrement divers : il comprend des nuances très nombreuses, depuis la liberté à peu près complète, jusqu'à une organisation très voisine de la réglementation presque absolue. » (1).

Notre question se pose donc ainsi : Avons-nous affaire à Besançon, au XVIe et au XVIIe siècle, à des métiers jurés, c'est-à-dire à des jurandes, ou bien avons-nous affaire à des métiers libres ?

Pour répondre avec plus de sûreté à cette grosse question, il nous faut procéder par voie de définition, dire tout d'abord, et très exactement, ce que c'était qu'une communauté jurée, en en indiquant les caractéristiques, enfin, en second lieu, ce que c'était au juste que le travail libre.

Un métier juré, nous dit Loyseau, est un métier « ayant droit de corps et communauté, en laquelle on entre par serment (2). » Cette définition n'est pas complète, car une communauté en jurande affecte des caractères généraux beaucoup plus nombreux, que nous pouvons résumer sous les traits suivants :

1° Elle possède le monopole du métier ; 2° elle exige de ses futurs membres des conditions multiples, telles qu'apprentissage, compagnonnage parfois, chef-d'œuvre ou examen, serment et droit d'entrée ; 3° elle impose à ses membres des règlements de fabrication et des visites, elle limite le nombre de leurs apprentis et éventuellement de leurs ouvriers ; 4° elle s'administre par des assemblées et par un conseil élu (3).

Maintenant que nous avons dit ce que c'était que le métier juré, voyons ce que c'était que le métier libre. Et ici, nous nous apercevons que la notion du travail libre n'est pas du tout une notion simple. En effet, le travail libre est-il le travail qui échappe à toute réglementation légale ?, ou bien, comme l'écrit M. Boissonnade, le métier libre peut-il avoir aussi « des traditions ou des usages souvent religieusement observés (4) ? »

Le travail libre, c'est bien, d'une part, le pouvoir d'exercer

(1) Hauser. *Des divers modes d'organisation du travail dans l'ancienne France*, p. 358.

(2) Offices, p. 328. Cité par Hauser, op. cit. p. 358.

(3) F. Hauser, op. cit., p. 361.

(4) *Essai sur l'organisation du travail en Poitou*, t. II, p. 35. Cité par Hauser, op. cit., p. 371.

un métier quelconque, d'ouvrir boutique, de tenir un ouvroir, d'engager des compagnons ou des apprentis, à sa volonté et selon ses moyens, sans justifier d'aucun apprentissage, sans présenter aucun chef-d'œuvre, serait-on même un forain attiré par hasard dans la ville. Aucun serment, aucun droit d'entrée ne sont exigés. La liberté du travail, c'est essentiellement le droit à la libre concurrence.

Mais, il ne s'ensuit pas de là, que chaque maître soit libre de travailler absolument à sa guise ; s'il échappe à la surveillance des jurandes, il n'échappe pourtant pas à toute surveillance, à toute réglementation : le métier libre n'est pas un métier anarchique, un métier inorganisé, car il peut être réglementé par une autorité supérieure, l'administration de la ville par exemple.

Ces définitions posées, nous pouvons donc, en toute assurance, répondre à la question que nous soulevions tout à l'heure, à savoir : si, à Besançon, aux XVIe et XVIIe siècles, les métiers étaient libres ou si, au contraire, dans cette ville, nous avons affaire à des métiers jurés ?

Dans la première moitié du XVIe siècle, lorsque le secrétaire d'Etat Lambelin (1), sous les auspices de Simon Gauthiot d'Ancier, rédigea le recueil qui constitue la *Police du Noble Hôtel Consistorial de la Cité de Besançon*, nous nous trouvons en présence d'une documentation très simple, sans précision excessive, qui ne parle ni d'exclusif, ni de stage déterminé, d'apprentissage ou de compagnonnage, ni d'interdiction de certains travaux aux femmes, ni de restrictions dans le nombre des métiers, des apprentis ou des ouvriers, enfin ne mentionne qu'assez rarement l'obligation du chef-d'œuvre. Or, qu'est-ce cela ? sinon le métier libre, dans le sens que nous avons déterminé tout à l'heure, c'est-à-dire de métier non pas inorganisé, mais bien réglementé par l'administration d'une ville qui intervient dans la rédaction des statuts.

A Besançon donc, le travail, avant d'entrer dans le domaine du droit corporatif, a été soumis à celui du droit municipal.

Et ce qui corrobore la thèse que nous avançons ici, c'est que nous en trouvons une confirmation dans un édit du 25 novembre 1561 qui nous prouve bien que les métiers de

(1) Mort en 1538.

Besançon étaient des métiers libres. Et, en effet, dans cet édit, les Gouverneurs décident que, dorénavant, *tous* les métiers mécaniques qui s'exercent à Besançon auront leurs statuts et ordonnances « rédigez par escript, lesquels ceulx qui voul-dront estre admis à besoigner en leurs chiefz desd. mes-tiers... seront tenuz jurer... et payer soixante solz pour le patoz avant que soy entremettre aud. mestier; et pour ce faire, seront... nommez, choisis et commis tous les ans en chacun desd. mestiers *quatre* maistres jurez, lesquelz auront le regard sur les abus que l'on peult commettre, et s'ils en treuvent aul-cuns, seront tenuz les venir révéler à mesd. sieurs les Gouver-neurs ».

En outre, ajoute l'édit, « quant ung compaignon vouldra estre passé maistre... se présentera devant les quatre maistres jurez, lesquelz s'enquierront diligement s'il est capable, luy feront faire chief-d'œvre et, le trouvant tel, le présenteront à mesd. sieurs pour estre à ce admis et reçeu » (1).

Donc, tout d'abord, avant 1561, il existait à Besançon des métiers n'ayant pas encore de statuts écrits, n'étant pas astreints à une réglementation spéciale, ne nommant encore pas de maîtres du métier, constituant bien ainsi de véritables métiers libres, dans l'acception large du mot. Aussi, l'on voit dès lors les Gouverneurs, immédiatement après la publication de cet édit, s'occuper de rédiger des statuts pour les métiers qui n'en étaient pas pourvus, rafraîchir ceux qui, déjà rédi-gés, n'étaient plus en conformité avec les nouvelles exigences de cette ordonnance, et nous constatons enfin que les métiers se mettent en règle et nomment pour la première fois les quatre maîtres jurés exigés.

Mais, est-ce à dire que, dès ce moment, les corps de métiers bisontins se trouvent soumis au régime des jurandes? Nous ne le croyons pas, et nous ne voyons là que le premier pas de l'évolution qui les entraîne vers le système des jurandes com-plètement organisées, en rendant obligatoire l'établissement « des Communautés » pour lesquelles des statuts sont exigés et qui doivent nommer dans leur sein des délégués qui s'ap-pellent « maîtres jurés ».

Et même, en 1689, doit-on déclarer que le métier bisontin a

(1) Reg. mun., 25 novembre 1561.

cessé d'être libre, étant donné que nous voyons à cette date de nouveaux statuts déterminer le stage de l'apprentissage, restreindre le nombre des apprentis, obliger les « forains » à prouver qu'ils ont fait un apprentissage, et ne jamais omettre de parler de chef-d'œuvre, et de prévoir la nomination des maîtres des métiers ou « jurés »? Non, nous ne le croyons pas. Les métiers n'ont pas encore complètement cessé d'être libres à Besançon à cette époque ; ah ! sans doute, ils ne diffèrent plus guère de la jurande complètement organisée, ils se trouvent presque au terme de leur évolution qui les a entraînés petit à petit, de la forme du métier libre à une forme d'organisation de plus en plus restrictive, de plus en plus exclusive et oligarchique, et la liberté du travail ne doit peut-être plus être considérée que comme un vieux titre honorifique ! Soit, mais elle existe néanmoins encore en façade, comme un décor dans un théâtre, et c'est une raison suffisante pour que nous ne cherchions pas à en nier déjà l'existence.

Ceci dit, nous pouvons dès lors procéder à l'examen des corps de métiers de Besançon, dont nous avons déjà saisi la caractéristique essentielle. Nous essaierons, dans tout le cours de cette étude, de mettre en lumière leurs autres traits les plus remarquables, quelles que soient les difficultés que nous puissions rencontrer dans pareille entreprise, étant donné que pour retracer le tempérament, la tournure d'esprit, la manière d'être de la corporation bisontine, nous n'avons que des recueils de statuts et de règlements, sur lesquels il nous faut entreprendre cette psychologie si délicate d'une institution aujourd'hui défunte !

CHAPITRE III

Énumération et Groupement des Corporations Bisontines.

Résumé des statuts des principales communautés

Les différents statuts des Corps de métiers réunis aux XVIe et XVIIe siècle par les soins des Gouverneurs, enfin les Registres Municipaux suffisent parfaitement pour nous permettre de présenter un tableau fidèle de la Corporation ouvrière à Besançon à cette époque.

Pourtant, ce serait faire un travail singulièrement fastidieux, et sujet à de nombreuses redites, si nous voulions passer en revue et parler de chacun des métiers que nous indiquent les différents règlements Ce serait là, en effet, tout d'abord un travail fastidieux, car nous aurions à faire l'étude de plus d'une cinquantaine de communautés, étude qui bien souvent ne nous apprendrait rien et ne ferait qu'alourdir la marche de notre sujet ; enfin, en second lieu, ce serait pour nous un sujet de nombreuses redites, car il ne faut pas se le dissimuler, nous ne nous trouvons pas encore aux XVIe et XVIIe siècles, devant une réglementation bien riche et bien approfondie, l'industrie et le commerce commençant seulement à entrer dans une voie prospère, et ce serait folie que de vouloir s'attacher à l'étude de cette réglementation, comme nous pourrions le faire pour celle de nos jours, si riche, si féconde, si abondante en renseignements de toutes sortes.

Aussi, ne nous arrêterons-nous pas longuement à passer en revue tous les corps de métiers de cette époque ; nous étudierons seulement les plus intéressants, pouvant nous renseigner utilement sur les mœurs et les habitudes du temps, et, afin de les examiner avec ordre et logique, nous commencerons par l'examen des industries les plus essentielles à la vie, pour aboutir à celles d'une importance moindre ; et, quand nous aurons examiné comment on se nourrissait à cette époque, comment on s'y habillait, quelles étaient les industries les plus prospères, nous aurons vu tout ce qu'il y a de plus intéressant dans les statuts et règlements des XVIe et XVIIe siècles (1).

Nous avons du reste réparti l'examen de ces corporations diverses en cinq sections bien distinctes :

1re section. — Alimentation : farines, viandes, boissons ; vivres en général.

2e section. — Industrie du bâtiment.

3e section. — Habillement : industrie du drap et du cuir.

4e section. — Industrie des métaux.

5e section. — Médecine.

SECTION I

Alimentation : Farines, viandes, boissons ; vivres en général

Le commerce des grains (2) avait déjà pris à Besançon, au XVIe siècle, une certaine importance, et, avec l'accroissement de la ville, le nombre toujours de plus en plus grand des habitants, l'on avait vu la vente des céréales se développer rapidement. Le blé se vendait aux Halles par l'intermédiaire des *Mesureurs*, dont les fonctions se rapprochaient plus de celles d'un fonctionnaire municipal, que du travail d'un homme de métier proprement dit ; ils ne fabriquaient en effet

(1) N. B. — Dans cette partie, nous n'indiquerons d'autres références que les numéros des pages de la « Police du Noble Hôtel Consistorial » où sont inscrits tout au long les statuts des Corporations, que nous nous sommes appliqué à résumer ici le plus brièvement possible.

(2) Police N. H., p. 43-47.

aucun objet, ne vendaient aucune marchandise et n'avaient ni atelier ni boutique, ni apprentis ni maîtres : leur rôle se bornait à servir d'intermédiaires entre les marchands et les acheteurs. Ils avaient à mesurer tous les différents sacs qui leur étaient présentés, à prélever immédiatement sur chacun d'eux le droit dit de « l'éminage », et même, lorsqu'ils allaient exercer hors des Halles, soit dans les greniers de quelque citoyen de la ville, soit en quelque autre endroit, ils étaient tenus d'en avertir leurs confrères, de leur dire où et chez qui ils se rendaient, enfin de rapporter fidèlement le droit qu'ils avaient perçu pour l'éminage.

Les Mesureurs touchaient leur salaire sur chaque émine de blé qu'ils mesuraient, et l'argent qu'ils recevaient pour prix de leur travail devait être déposé par eux en une boite fermée à clef, qui ne pouvait être ouverte que par l'Archevêque, l'abbé de Saint-Paul et les Gouverneurs de la Cité, et dont la garde était assurée par un homme de confiance : tous les trois mois, l'on ouvrait cette boite, et le contenu en était partagé également entre tous les Mesureurs. Avant d'entrer en fonctions, les Mesureurs prêtaient serment. Ils juraient sur les Saints Evangiles de s'acquitter avec loyauté de leurs fonctions, de percevoir scrupuleusement le droit d'éminage, de sauvegarder les intérêts des parties diverses, de signaler toutes fraudes qu'ils pourraient remarquer, de ne pas accepter d'autre salaire que celui spécifié par les ordonnances, enfin de déposer tout l'argent qu'ils recevraient dans la boite commune.

Comme l'on craignait l'accaparement des grains par les riches, l'on avait établi, à cet égard, quantité de règlements sévères, destinés à protéger les habitants moins riches et moins fortunés. Ainsi, il était interdit aux Boulangers d'aller hors de la ville à la rencontre des charrettes amenant les blés, car l'on avait remarqué qu'ils avaient trouvé par là un moyen d'introduire ces céréales dans la Cité sans qu'elles payent le droit d'éminage, et qu'enfin, s'entendant avec les arrivants, ils faisaient la loi des prix en accaparant tous les grains qu'ils revendaient ensuite avec des bénéfices considérables. Bien plus, et toujours dans le même ordre d'idées, l'on avait établi des règles de vente particulières : les jours de marché, les sacs amenés à la Halle ne pouvaient être ouverts, tant que les Commis des Gouverneurs n'en avaient donné le signal, en faisant sonner la cloche de Saint-Laurent : à ce moment seulement, les marchands pouvaient délier leurs sacs et commencer la vente. Les habitants de la Cité étaient servis les premiers : ce qu'ils laissaient, était acheté avec les deniers de la Cité, par les Commis des Gouverneurs, et ce n'est qu'alors, que les Boulangers et Fourniers pouvaient venir s'adresser à ces fonctionnaires, pour obtenir les céréales dont ils avaient besoin pour la fabrication de leur pain ; afin de leur éviter toute tentation de fraude, l'on avait établi des peines très sévères en cas d'infractions, attendu que l'on pouvait interdire à tout jamais le métier aux défaillants.

Deux autres corporations vivaient encore du commerce des grains : c'étaient les Meuniers et les Boulangers.

Les statuts de la police du noble Hôtel Consistorial ne nous parlent que des *Meuniers* (1) établis dans les moulins de la ville qui se trouvaient à Chamars et avaient été reconstruits presque entièrement au commencement du XVIe siècle. Mais, à côté de ces moulins, il en existait encore d'autres, appartenant à des propriétaires divers, soit à l'archevêque, soit au chapitre, soit à l'abbaye Saint-Paul, et répartis dans les différents quartiers de la ville : c'étaient par exemple le moulin Saint-Paul, qui était la propriété de l'abbaye du même nom ; le moulin de Tarragnoz, qui appartenait au chapitre métropolitain et fut transformé dans la suite en papeterie ; le moulin de Rivotte, qui dépendait aussi du même chapitre (2).

(1) Police N. H., p. 47-49

(2) Les Registres municipaux nous parlent de ces différents moulins : nous transcrivons le passage qui est intéressant à plusieurs égards. « Les Gouverneurs... mandèrent et firent venir devant eulx tous les mugniers de ladicte Cité, c'est assavoir Girart et Jehan de Villert, mugniers du moulin de Monseigneur l'Archevêque de Besançon, Othenin le noble, mugnier du moulin au Mouchet, Humbert Sarrazin, mugnier du moulin de Ryvotte, Huguenin dit Jacqueney et son frère, mugniers de Terroignot, Huguenin de Rosey, mugnier de Saint Pol, et Jehan d'Amaigney, mugnier de Baptant, esquelz fut fait commandement, sur peine d'estre trayte contre la ville et d'avoir la marque de la ville empreinte au front d'ung fert chault, ou aultre plus grosse peine, que dois ce jour en avant, ne mollissent esdiz molins pour quelconque personne, si celte personne ne pourtoit enseigne de la ville, ou s'il n'en avaient exprest commandement de mesdiz seigneurs, » 20 septembre 1427.

Voir aussi Riat, Etat historique et économique des moulins de la Franche-Comté et du pays de Montbéliard du Xe siècle à la Révolution, dont un résumé seul a paru dans : Positions de thèses de l'Ecole des Chartes, année 1895.

Tous ces moulins étaient loués à ferme aux meuniers, qui n'en étaient donc que de simples locataires, et ne pouvaient s'y installer qu'après avoir fait dresser un inventaire fidèle de tout ce qu'ils contenaient. Ces meuniers, plutôt marchands qu'ouvriers, ne constituant pas une Corporation à proprement parler, étaient tenus, non seulement de moudre les grains qui leur étaient apportés, mais encore d'en rapporter fidèlement la farine à leurs clients, sans avoir le droit d'en distraire aucune partie, sous peine d'être condamnés à payer le double du prix de la farine manquante, et de se voir infliger une amende de 60 sous au minimum. Pour leur travail, les meuniers recevaient 5 couppes par « asnée », 2 blancs par « demi-asnée », enfin une engrongne par émine.

Comme l'on craignait d'une façon toute particulière les incendies qui, éclatant dans ces bâtiments tout construits de planches et de lattes, eussent pu y apporter des ravages terribles, l'on avait soumis leurs possesseurs à toutes sortes d'obligations préventives excessivement rigoureuses. Défense leur était faite de mettre de la paille dans leurs lits ou couchettes, de les orner de franges ou de couvertures facilement enflammables ; d'avoir dans leurs moulins du bois ou des copeaux ; enfin, de s'éclairer autrement qu'avec des lanternes fixées à des piliers de pierre destinés expressément à cet usage ; de plus, les meuniers étaient astreints à faire ramoner les cheminées de leurs maisons 4 fois par an au minimum; ils devaient toujours avoir à leur portée 12 récipients remplis d'eau, suspendus à des crochets, et destinés à combattre l'incendie; enfin, une cloche établie dans chaque moulin devait appeler les citoyens à l'aide en cas de feu.

Les *Boulangers* (1) de Besançon vendaient non seulement des pains, mais encore de la pâtisserie, et, pendant le temps du Carême, de la « flaonnerie », des « oflanges », des « cornues », des « carquelins » ; ils détaillaient enfin des oublies qu'ils pouvaient aller crier dans les rues; ils faisaient leurs annonces en chantant, et certes celles-ci devaient être des plus variées, attendu qu'on ne les astreignait à aucun refrain spé-

(1) Police N, II., p. 50-52. D'après les comptes, l'on peut estimer qu'il y avait environ de 20 à 25 boulangers à Besançon au XVIe siècle.

cial, à aucunes paroles consacrées, et qu'il leur était permis de se laisser aller au gré de leur verve musicale et poétique, à la condition toutefois que leur chanson fût « belle et honeste, sans paillardises ou infâmes paroles » (1) : la sanction pour le chanteur trop grivois consistait en une amende de 10 sous.

Quiconque voulait s'établir boulanger devait verser au Trésorier de la Cité une somme de 5 florins pour son droit de maîtrise ; en plus, il était astreint chaque année au payement de 3 florins, tant pour droit d'étalage, que pour droit de vente de pain blanc et de pain bis. La plus grande propreté était exigée de ces artisans : non seulement, ils devaient toujours et très soigneusement recouvrir leurs pâtes de belles toiles blanches pour les garantir des poussières et de tout contact extérieur, mais encore, il leur était défendu d'exercer en même temps quelque autre métier, tel que celui de tanneur, cordonnier, boucher, marchand de graisse, afin, disent les règlements, que « les pains soient toujours plus honnestes et nettement gardés et vendus sans suspition d'aulcune ordure que ce soit (2) ». Chaque boulanger avait une marque spéciale qu'il apposait sur son pain et qui servait à le retrouver, sans de trop longues recherches, lorsqu'il y avait malfaçon dans son travail ; 2 Commis, nommés par les Gouverneurs de la Cité et appelés « peseurs » devaient assurer la stricte observation des statuts : 3 ou 4 fois par jour ils visitaient les boulangeries de la ville, ainsi que les lieux où l'on vendait le pain, examinaient les miches, les pesaient, et, s'ils les trouvaient trop légères ou y découvraient quelque défaut, ils punissaient le défaillant, la première fois, à raison de 20 sous d'amende, la deuxième de 40, la troisième de 60 ; à la quatrième fois, ils lui faisaient retirer l'exercice du métier, et souvent on l'expulsait de la Cité.

Lorsqu'il y avait renchérissement du blé, et qu'alors l'on pouvait craindre des fraudes plus nombreuses de la part des boulangers qui, en vendant leur pain aussitôt sorti du four, et avant qu'il ait pu être examiné par les peseurs, seraient arrivés à commettre bien des méfaits, les Gouverneurs désignaient dans chaque quartier de la Cité, un homme, dont la

(1) Police N. H., p. 52.
(2) Police N. H., p. 50.

mission était de peser tous les pains mis en vente, de saisir ceux n'ayant pas le poids voulu, d'en faire rembourser le prix à l'acheteur, enfin de citer le boulanger coupable à comparaître en l'Hôtel Consistorial, devant les Gouverneurs de la Cité chargés de le punir.

A côté du commerce des grains, nous trouvons celui des viandes de boucherie, des poissons, du gibier, représenté par les Corporations des bouchers, des tripières, des poissonniers d'eau douce et de mer.

A Besançon, au XVIe siècle, un bœuf de 576 livres, vendu brut, valait 15 fr.; lorsqu'il était « nud », c'est-à-dire lorsqu'on lui avait enlevé la peau, la tête, les pieds, les entrailles, il ne coûtait plus que 12 fr., et l'on pouvait donc avoir, pour la modique somme de 1 blanc, une livre de cette viande; de même, un bœuf de 290 livres valait entier 6 fr., dépouillé 4 fr., c'est-à-dire 2 niquets la livre (1). Ces prix paraissent à première vue d'un bon marché évident, mais il ne faut pas, à mon sens, se laisser abuser par les chiffres seuls, car, avant de pouvoir déclarer si ces prix sont élevés ou non, il faudrait tout d'abord savoir quel est le revenu et le coût de la vie à cette époque, enfin et surtout, la valeur de la monnaie en laquelle ces prix sont exprimés. Ces chiffres donc ne peuvent pas représenter grand'chose à nos yeux, et discuter sur eux ne servirait à rien et ne pourrait conduire qu'à des appréciations illusoires, à des probabilités douteuses.

Pour pouvoir s'établir *boucher* (2), il fallait passer un examen auprès des maîtres du métier, et lorsque le candidat, par ses réponses, avait prouvé qu'il était suffisamment expert en l'art de tuer, écorcher et apprêter les viandes, il était autorisé à exercer, après avoir toutefois payé un droit de 10 livres au Trésorier de la ville, et une somme de 30 sous pour le « paquet » des maîtres bouchers; les fils de maîtres, plus favorisés, n'avaient à payer en tout qu'un droit de 30 sous, le droit de la « souppe en vin »; quant aux veuves des maîtres bouchers, elles pouvaient continuer à exercer le métier après la mort de leur mari, pourvu toutefois qu'elles aient un valet

(1) Police N. II., p. 58 *bis*.
(2) Police N. II., p. 61-61 *bis*.

habile, et capable de diriger leur commerce ; elles perdaient bien entendu cette faveur, lorsque, renonçant à leur veuvage, elles convolaient en secondes épousailles.

Tous les lundis de Pâques, les bouchers se présentaient devant les Gouverneurs de la Cité, et, moyennant un prix fixé par ceux-ci, louaient leurs bancs pour toute l'année (1) ; quant à ceux d'entre eux qui voulaient vendre la viande au détail, ils se réunissaient le 1er jour du Carême en l'Hôtel Consistorial de la Cité et là, pendant trois jours durant, les Mercredi, Jeudi et Vendredi Saints, le Secrétaire mettait aux enchères les prix des différentes viandes et adjugeait le monopole de la vente à ceux qui s'engageaient à fournir au plus bas prix.

Lorsqu'un de ces bouchers au détail avait abattu une bête, il la mettait en quatre quartiers : les Commis des Gouverneurs pesaient ceux-ci très soigneusement, et sur chacun d'eux plantaient une « vergette » de bois blanc, longue d'un pied environ, à l'extrémité de laquelle ils fixaient un petit écriteau en papier sur lequel ils indiquaient la nature du quartier de viande, son poids et le prix par livre : de cette façon, les acheteurs étaient toujours très exactement renseignés dans leurs achats.

Les statuts exigeaient la plus grande propreté de la part des bouchers : il fallait non seulement qu'ils aient toujours les mains « belles et nettes », et qu'ils soient « sains et nets de leur corps », mais encore, ils devaient autant que possible éviter de toucher avec leurs doigts les viandes qu'ils avaient à leur étalage ; or, comme cette interdiction s'étendait tout aussi bien à leurs clients, ils devaient avoir sur leurs bancs 2 ou 3 baguettes de bois blanc qui leur servaient, à eux, à montrer les différents morceaux, à leurs acheteurs, à les retourner et à les examiner de tous les côtés (2).

(1) Il y avait deux groupes de boucheries : l'un à Saint Quentin, le moins important ; l'autre, près des Halles, dans la rue des Boucheries, constituant les grandes boucheries d'embas.

(2) Il semble qu'il y avait des bouchers de bœuf et des bouchers de mouton distincts au XVIe siècle. C'est ce qui ressort d'une délibération du 26 mars 1561 contenue dans les Registres municipaux, où nous lisons que les Gouverneurs décident que les bancs de la grande boucherie d'embas « seront recoppez et réduictz à une certainne mesure, tant du cousté du mouton que du cousté du bœuf, ascavoir ceulx du motton à 5 piedz et ceulx du cousté du beufz à 7 piedz de toise en longueur. »

Les bouchers devaient apporter, ainsi que leurs valets, la plus scrupuleuse attention aux viandes qu'ils vendaient, et si celles-ci leur semblaient suspectes, les règlements leur ordonnaient de les soumettre aussitôt à l'inspection du Visiteur ou Commis des Gouverneurs chargé de la surveillance de leur commerce et qui pouvait les leur faire jeter à l'eau s'il les jugeait mauvaises. De même, quand ils avaient tué des bêtes trop jeunes ou trop maigres, il leur était interdit de les amener en leurs boucheries, et ils ne pouvaient les vendre qu'au banc des tripières, où ne venaient s'approvisionner que les pauvres de la Cité et où l'on n'écoulait que des viandes de qualité inférieure, comme du bouc, de la chèvre, du couillard, de la brebis, etc.

Les bouchers vendaient aussi du gibier, des cerfs, biches, sangliers, chevreuils, lièvres, faisans, bruants, perdrix, gelinottes, bécasses, canards sauvages. Le prix d'un chevreuil était, selon la saison, de 6 à 7 gros; d'un lièvre de 5 à 7 blancs; d'un faisan de 5 à 6 gros; d'une perdrix de 6 à 7 blancs; d'une bécasse de 3 à 4 blancs (1).

La plupart des bouchers adjoignaient enfin à leur commerce celui du suif et de la cire, produits qu'ils avaient toute facilité de préparer avec les graisses et les résidus des bêtes qu'ils tuaient; mais, par crainte du feu et aussi des exhalaisons qui auraient pu en résulter, il leur était interdit de procéder à cette fabrication dans leurs maisons mêmes, et on leur avait déterminé des endroits spéciaux où ils pouvaient se livrer à leur industrie, sans crainte d'incommoder les voisins: ces endroits se trouvaient naturellement en dehors des murs de la ville, comme au port du Saint-Esprit, Chamars ou Rivotte.

Le métier de *tripier* (2) était à cette époque exercé uniquement par des femmes: on ne réclamait de celles-ci aucunes capacités, aucunes conditions spéciales, sinon qu'elles ne fussent pas trop « vieilles ou mal nettes », et elles pouvaient exercer dès qu'elles s'étaient fait inscrire sur les registres du Tréso-

(1) Reg. mun., 26 juin 1555.
(2) Police N. H., p. 61 *bis*, 62 *bis*.

rier et du Contrôleur de la Cité et qu'elles avaient loué un banc (1). Ces marchandes vendaient non seulement des tripes, mais encore des pieds de bœuf, de vache, de veau et de mouton, enfin des saucisses et du boudin qu'elles plaçaient dans des paniers recouverts de linges très propres et bien blancs qui les préservaient des mouches et des poussières. Obligation était faite par les statuts aux tripières de se consacrer tout entières à la vente : ils ne leur permettaient même pas, en attendant la clientèle, et pour occuper leurs loisirs, de filer leur quenouille! Mais elles ne devaient pas non plus pécher par excès de zèle et pousser l'amour de la vente jusqu'à essayer d'attirer à elles les clients qui passaient, soit en les appelant, soit en leur faisant des signes; elles devaient au contraire les laisser venir d'eux-mêmes à elles; et ceux-ci pouvaient visiter et inspecter leur étalage comme ils l'entendaient, choisir ce qui leur plaisait ou leur paraissait le meilleur, sans qu'elles puissent s'y opposer en quelque façon que ce soit (2).

L'on consommait à Besançon, dans une proportion à peu près égale, le *poisson* (3) d'eau douce et le poisson de mer, dont deux Corporations faisaient le commerce.

Tant que le citoyen de Besançon ne pêchait que pour sa distraction ou pour ses propres besoins et ceux de son ménage, il pouvait le faire en toute liberté, sans demander aucune autorisation ; mais, dès qu'il voulait faire un métier de la pêche et revendre les poissons qu'il capturait, il était tenu alors de se faire inscrire au registre du Trésorier et de verser chaque année, soit à celui-ci, soit à « l'Amodiateur de la poissonnerie », une somme de 6 blancs (4).

Comme les pêcheurs avaient pris l'habitude de ne se servir que de filets aux mailles trop étroites, qu'ils dépeuplaient ainsi les rivières, ne laissant même pas venir à leur grosseur rationnelle les plus petits poissons, tels que les « moustelles »

(1) Ces bancs étaient loués tous les ans aux enchères et au plus offrant.

(2) Il devait y avoir au XVIe siècle une trentaine de tripières environ : de 20 à 25 aux Halles ; les autres à Saint-Quentin.

(3) Police N. H., p. 60-63.

(4) Reg. mun. 3 mars 1523.

ou les vairons, les Gouverneurs avaient dû établir un modèle-type de filet qui ne retenait que les grosses pièces, et permettait aux poissons de petite taille de regagner la rivière ; en outre, afin d'éviter toute fraude à cet égard, ils avaient institué un Commis, chargé spécialement d'examiner et de mesurer tous les filets dont les pêcheurs déclaraient vouloir se servir. Malgré cela, certains fraudeurs arrivaient encore à tromper la surveillance de ce Commis, en faisant placer à l'intérieur des filets autorisés, d'autres filets aux mailles très étroites qu'ils fabriquaient en secret ; on les punissait, lorsqu'on pouvait les prendre, de peines sévères : 60 sous d'amende à la première infraction, 100 à la deuxième et à la troisième ; enfin, on les privait à tout jamais du droit de pêche à la quatrième infraction.

Bien plus, lorsque, avec les filets autorisés, les pêcheurs retiraient de l'eau des « cornets », barbeaux, truites, carpes ou perches trop jeunes et n'ayant pas encore atteint un pied de longueur, il leur était défendu de les vendre ou de les consommer, et ils devaient les rejeter immédiatement à la rivière, afin de leur permettre d'atteindre leur taille normale.

Les étrangers eux-mêmes qui venaient vendre leur poisson à Besançon étaient contraints de se conformer à ces ordonnances, et pour que celles-ci fussent mieux observées, l'Amodiateur du métier possédait un pied en fer qu'il portait dans une gibecière et qui lui servait à mesurer les poissons mis en vente sur les pierres de la poissonnerie. La plupart des poissons vendus à Besançon venaient des moulins de Gouilles, Avanne, Saint-Vit, Pin, Voray, etc.

Quant aux *poissons de mer* (1), ceux que l'on consommait le plus couramment étaient : les harengs, les soles, les seiches, les saumons, les marsouins, les cabillots, les maquereaux, les anchois, les sardines, enfin les moules ; ils n'étaient pas soumis au droit de la gabelle, à l'exception toutefois des harengs.

Lorsqu'un tonneau de poissons, une caque de harengs par exemple, contenait des pièces de mauvaise qualité, les Commis des Gouverneurs les faisaient aussitôt jeter à l'eau ou brûler, de façon à enlever toute tentation aux marchands, de

(1) Police N. II., p. 63-64.

les écouler en dehors de la ville; quant aux poissons qui étaient encore bons, on les donnait aux malades de l'Hôpital Saint-Clerc, aux mendiants et aux pauvres. Les visites des Commis chez les marchands avaient lieu tous les jours et deux ou trois fois par semaine, ces fonctionnaires se rendaient à l'Hôtel des Gouverneurs pour faire leur rapport et signaler les infractions qu'ils avaient relevées : ils étaient payés sur le produit des amendes, et, en cas d'insuffisance de celles-ci, sur les deniers publics, leurs fonctions revêtant un caractère d'utilité publique.

C'est en 1512 que les Gouverneurs de Besançon codifièrent les nombreux statuts concernant les corporations s'occupant de l'*Industrie du vin* (1), les corporations les plus anciennes de la Cité, puisque ce furent des vignerons qui fondèrent la ville de Besançon. Les vendanges avaient lieu à la fin de Septembre; elles commençaient par les vignes sises dans l'intérieur de la ville, continuaient par celles comprises entre les murs et la Croix de la ville, finissaient par celles situées entre ladite Croix et Port-Douvot. Les bans de vendange étaient non seulement publiés dans la ville, aux Halles, mais encore dans les villes voisines, telles que Baume, Cromary, Vercel, et dès lors, chacun s'empressait de retenir ses chariots, ses porteurs et ses vendangeurs. Comme ces derniers, à l'insu de leurs patrons, avaient l'habitude de laisser dans les vignes où ils étaient employés des ceps garnis de leurs raisins, et que, les vendanges terminées, ils revenaient chercher les grappes qu'ils avaient laissées intentionnellement, afin d'en faire leur profit aux dépens des patrons qui les avaient embauchés, les règlements avaient dû établir que, seuls, les propriétaires avaient le droit de pénétrer dans leurs vignes après les vendanges, pour cueillir et glaner les raisins qui pouvaient y rester, et, pour plus de sûreté, ils défendaient d'acheter, soit de la vendange, soit du raisin, à quelque vendangeur que ce fût (2).

Chaque année, le jour de la Saint-Martin d'hiver, l'on fixait le prix des vins. A cet effet, les Gouverneurs et trente

(1) Police N. II., p. 53 à 60.
(2) Reg. mun., 6 septembre 1519.

ou quarante notables de la Cité se réunissaient en l'Hôtel Consistorial, après avoir convoqué une assemblée de 45 à 60 vignerons. Les vignerons se groupaient devant l'hôtel et, après avoir délibéré entre eux, déléguaient cinq des leurs qui montaient jusqu'auprès de ceux-ci et leur faisaient connaître leur avis ; les Gouverneurs et les notables délibéraient alors à leur tour et prenaient une décision à la majorité des voix.

Les *vignerons* (1) étaient très nombreux à Besançon, et, comme ils constituaient la partie la plus importante et aussi la plus turbulente de la population, les Gouverneurs avaient dû prendre à leur égard des mesures d'ordre rigoureuses. C'est ce que nous voyons par la lecture des statuts qui régissent cette corporation. « Pour ce qui, disent ceux-ci, l'estat desd. vignerons est grand en la Cité et abondant en grand nombre de gens, les trois parts plus que de toutes aultres, au moyen de quoy ils pourroient faire quelques dissentions, monopoles et séditions en leur estat que pourroit pourter merveilleuse perte et dommage à nostre chose publique et à tous aultres, que seroit encore pire à eulx mesmes pour les peines d'argent et pugnitions corporelles que par après on pourroient souffrir, avons deffendu qu'ils ne soyent tels doiresenavant eulx assemblés par 3 ou 4 plus grandes ou mesmes parties et moings de faire n'y trouver cause à cet efect tant par confrairies leurs peines que labeurs, et s'ils font au contraire, seront emandables envers nous et nostre chose publique d'emende arbitraire civile ou corporelle, selon l'exigeance du cas. » (2).

Et ces prescriptions, somme toute assez sévères à l'égard de ces artisans, ne doivent pourtant pas nous surprendre, étant donné que les vignerons, avec leurs familles, atteignaient le chiffre de 6,000 sur une population totale de 14,000, constituant ainsi l'élément prédominant dans la ville (3). Il fallait bien du reste ce grand nombre de travailleurs pour donner leurs soins aux vignes qui recouvrent encore aujourd'hui les

(1) Police N. H., p. 136-138. Cf. Vaissier (A). *La Vigne et les Vignerons à Besançon. (Bul. de l'Acad. de Besançon,* 1899, p. 28-70).

(2) Police N. H., p. 136 et 137.

(3) Boussey. *La Franche-Comté sous Louis XIV*, p. 244.

coteaux les mieux exposés de la banlieue, et qui s'étendaient alors sur l'emplacement des faubourgs et sur les terrains occupés par les chemins de fer, bien mieux, pénétraient même dans l'intérieur de la ville, car toutes les familles de la bourgeoisie mettaient leur point d'honneur à posséder une vigne et à ne boire que du vin de leur cru.

Cantonnés principalement dans le quartier de Battant, sur la rive droite du Doubs, les vignerons aimaient à se glorifier de leur surnom de *Poussebots* (*Pousse-crapauds?*), que leur vaillance leur avait fait donner, lorsqu'en 1575, des exilés protestants ayant essayé de pénétrer dans Besançon, ils avaient contribué pour une bonne part à leur échec. (1) Glorieux (2) et contents d'eux, ces artisans étaient aussi un tantinet frondeurs, et nous en trouvons une image perpétuée, au XVIIIe siècle, dans toute une série de chansons satiriques publiées sous le nom de Jacquemard, le chef symbolique de leur quartier, ce bonhomme bardé de fer qui, du haut du clocher de Sainte-Madeleine, où nos pères l'ont hissé, et d'où, depuis bien des années, il contemple impassible cette vieille partie de la ville dont il fut le héros, frappe encore à certains jours, d'un bras retentissant, les carillons placés à portée de sa hallebarde, comme pour réveiller par leurs sonorités perçantes ses anciens sujets, qui dorment dans leurs tombes. Et aujourd'hui même, le vieux Vigneron bisontin, resté très populaire dans l'esprit des gens de la ville, ne revit-il pas encore sur nos scènes théâtrales, dans le drame populaire de la *Crèche*, dans la personne de Barbisier, le célèbre vigneron de Trochatey, au patois libre et imagé, à l'esprit malicieux et plein d'entrain, nous permettant de reconstituer son caractère turbulent, à l'encontre duquel les

(1) Reg. mun., 21 juin 1575.

(2) Voici du reste ce que disent les vignerons de leur métier :

Cot loue métié lou pu nouble de tous
Y ne cret pas que quéqu'un veigne
Nous maiprisie ne passa devant nous :
Ayant lou pas su la métié nous ans,
La bé premie nous marchans.

Cité par Vaissier, *op. cit.*, p. 56.

Gouverneurs de Besançon avaient dû apporter la réglementation sévère mais prudente que nous avons signalée!

Les règlements défendaient aux vignerons de travailler à la tâche (1), car l'on avait remarqué que, par âpreté au gain, ils faisaient des excès de travail dont leur santé se ressentait, et qu'aussi, ils fournissaient une besogne peu soignée et peu minutieuse (2). Leur salaire était de 5 blancs par jour, depuis la Chandeleur jusqu'à la Saint-Michel, de 4 blancs, de la Saint-Michel à la Saint-Martin, enfin de 10 engrongnes, de la Saint-Martin à la Chandeleur. Habituellement, les patrons qui les employaient leur accordaient chaque jour une soupe comme gratification.

Le vigneron, très jaloux de son indépendance, qu'il fût locataire ou propriétaire, avait, suivant ses modiques ressources, un logis approprié à son industrie. On retrouve encore dans nos vieilles rues des restes de ces petites maisons à un étage, surmontées d'un grenier éclairé par une large fenêtre où l'on hissait, au moyen d'une poulie, le sarment sec et les échalas. En contre-bas de la rue, un trappon s'ouvrait sur une rampe d'escalier, par où l'on descendait la récolte dans la cave (3).

Le vin, qui était vendu par la corporation des *Marchands de vin* (4), devait être pur et naturel, sans mixture, mélange ou colorant quelconque. Pour les assister dans leur vente, la plupart de ces commerçants avaient à leur service des crieurs, chargés de crier à gorge déployée le vin exposé dans leurs tavernes ; non seulement, ils les aidaient, par leur réclame, à étendre leur commerce, mais encore ils les forçaient, par leur présence, à la stricte exécution des règlements pour la vente

(1) Reg. mun., 15 août 1518.

(2) Au XVIIe siècle (1635), alors que la fertilité des vignes allait en diminuant, la ville se décida à adopter pour ses propriétés un système plus économique et surtout plus profitable aux vignerons laborieux, en les intéressant plus vivement au bon entretien du vignoble, et en les faisant travailler pour portion des fruits. — Vaissier, *op. cit.*, p. 56. Cf. aussi, Reg. mun., 21 novembre 1548.

(3) Vaissier, *op. cit.*, p. 57.

(4) Police N. II., p. 56.

de leurs produits (1), institution excellente dont le résultat principal était de diminuer autant que possible les occasions de fraude, et arrêter les mauvaises dispositions qui ont toujours été le fait des marchands de vin. Il était défendu en effet aux crieurs de crier au vin frais, lorsque le tonneau était mis en perce depuis plus d'un jour, et ils ne pouvaient crier des vins qui n'étaient pas du pays. Quant aux marchands, on leur prescrivait la plus grande honnêteté dans leur commerce : ils étaient tenus de renseigner leurs clients sur la qualité des vins qu'ils leur vendaient, de leur indiquer même de quel tonneau ils provenaient, enfin de ne pas en vendre de bonne qualité à l'un, et de mauvaise à l'autre. Les crieurs devaient s'acquitter de leurs fonctions avec politesse, sans bruit ni tapage, et les dimanches et jours de fête, ils devaient prendre bien garde, lorsqu'ils passaient devant les églises, de ne pas troubler les divins offices.

Pour parer à la concurrence des vins étrangers, l'on soumettait ceux-ci au droit de la gabelle, et, afin de percevoir ce droit, le Secrétaire, le Trésorier et le Contrôleur de la ville commençaient, à partir du jour de la fête de saint Martin d'hiver, une tournée générale dans toute la Cité, partant de la Bannière Saint-Quentin, pour visiter la rue du Chateur, la rue Saint-Paul, l'Abbaye, Rivotte, puis remonter le Chapitre et redescendre dans la ville qu'ils parcouraient et visitaient en tous sens, interrogeant les différentes personnes, et leur demandant si elles avaient chez elles des vins étrangers, et, en cas d'affirmative, leur faisant payer la taxe fixée par les règlements.

On faisait même payer un droit d'entrée de quatre gros par muid pour les vins venant des environs directs, comme de Chalezeule, Chalèze, Thise, Morre, Beure, Arguel, la Vèze, Buzy, Avanne, Montferrand, Pirey, Pouilley, Pelousey, Miserey, Auxon, Chatillon ; quant aux vins provenant de contrées plus éloignées, ils payaient de 2 à 4 fr. par muid ; mais, s'ils ne faisaient que traverser la ville sans y être déchargés, ils étaient simplement frappés du droit des « portes », et du droit de « rouage ».

(1) Reg. mun., 26 septembre 1577.

Pour aider le trésorier et le contrôleur dans leur service, les portiers de la ville étaient tenus d'inscrire sur un registre spécial, toutes les quantités de vins et de vendange qui étaient apportées dans la Cité, ainsi que le jour de leur entrée, enfin le nom de ceux qui les amenaient, et celui des destinataires.

La communauté des *revendeurs* (1) était fort considérable : elle comprenait les revendeurs de vivres et de comestibles, de fruits et de légumes, tels que : pain, sel, poissons, lard, suif, œufs, fromage, volailles et gibier, pommes, poires, prunes, noix, pêches et nèfles, enfin toutes les différentes sortes d'herbes potagères. L'approvisionnement se faisait chaque jour, par les habitants de la banlieue et des environs de Besançon qui amenaient leurs marchandises sur des charrettes ou à dos de bête.

La vente ne devait se faire qu'en plein marché, et il était interdit aux revendeurs d'aller sur les routes au devant des marchands, pour faire marché avec eux, et les dispenser de la vente publique (2). C'est là un point sur lequel les statuts insistent tout particulièrement, car cette prescription permettait aux pauvres de partager avec les riches, et cette prérogative du partage, réclamée avec tant d'énergie par les gens du métier, était une sauvegarde pour les petites fortunes contre l'accaparement des riches marchands, qui eussent établi à leur gré le prix des denrées.

Bien plus, sur le marché, les revendeurs ne pouvaient faire leurs acquisitions que lorsque le peuple était servi, et si, au moment où on les servait eux-mêmes, quelqu'un survenait encore pour faire quelque achat, ils devaient lui céder ce qu'il demandait pour le prix qu'ils venaient de payer, et sans pouvoir prélever aucun bénéfice.

Cette volonté bien établie d'interdire l'accaparement et l'enchérissement se remarque avec la plus grande évidence dans l'ordonnance concernant la vente du sel ; là, nous voyons les Gouverneurs, voulant empêcher que cette denrée indispen-

(1) Police N. II., p. 64 *bis*, 68 *bis*.
(2) Reg. Mun., 28 avril 1538 ; 28 juillet 1621.

sable à l'alimentation, ne monte à des prix exorbitants, par le fait des intermédiaires ou des gros marchands, décider la nomination d'un ou deux Commis pris parmi les citoyens de la ville, qui avaient pour mission d'acheter au meilleur marché possible tout le sel nécessaire à la consommation des habitants de la Cité et des alentours, et de le livrer en gros à deux ou trois marchands, établis : l'un à Saint-Quentin, l'autre au Bourg, le troisième plus loin que le Pont, et qui ne pouvaient vendre ce sel plus de 3 blancs le salignon.

Ajoutons, qu'en obligeant ainsi les marchands à venir vendre en ville, l'on arrivait encore à un autre résultat pratique : favoriser le commerce de la Cité, car ces marchands y faisaient toujours quelques dépenses, y achetaient différents objets et marchandises, source de prospérité pour l'industrie bisontine.

A' suite de tous ces corps de métiers s'occupant de l'alimentation, il nous faut dire quelques mots des Hôteliers et Cabaretiers de Besançon.

Toute personne qui voulait exercer le métier d'*Hôtelier et de Cabaretier*, (1) devait adresser une requête aux Gouverneurs : ceux-ci, ou leurs Commis, venaient alors visiter la maison du requérant, et si leur examen les satisfaisait, ils lui accordaient l'autorisation de loger à pied et à cheval et de recevoir des hôtes, après l'avoir fait s'inscrire et décrire son enseigne, sur les registres spéciaux à cette corporation.

On ne tolérait pas d'hôtels à proximité des portes de la ville : on craignait, en effet, que ceux-ci ne devinssent le repaire des aventuriers, conspirateurs et gens sans aveu, qui eussent pu ainsi se renseigner facilement sur le fonctionnement des portes, ou qui, ayant commis quelque délit, crime ou mauvais coup, eussent eu toutes facilités pour s'enfuir de la ville et échapper aux poursuites. Du reste, de tout temps, par mesure de sécurité générale, et principalement en temps de guerre, les hôteliers devaient donner aux Gouverneurs de leur Bannière les noms de toutes les personnes qui descendaient chez eux (2).

(1) Police N. H., p. 68*bis*-70.
(2) Reg. mun., 16 novembre 1538.

Les hôteliers et cabaretiers ne pouvaient pas enfin recevoir chez eux des femmes de mauvaise vie, et ne devaient pas tolérer de discussions ou de batailles dans leurs maisons.

Quant aux clients qu'ils recevaient, il leur était prescrit d'avoir pour eux les plus grands égards, de ne pas leur demander des prix exagérés, soit qu'ils mangeassent à la carte ou à table d'hôte, et, de façon à ce qu'ils puissent les traiter de leur mieux, et au meilleur marché possible, les membres de cette corporation pouvaient acheter directement, sans payer le droit de la gabelle, tout ce qui leur était nécessaire en fait de victuailles, bœuf, mouton, veau, porc, poisson, légumes; aussi, attirés par la bonne chère et la modicité des prix, de nombreux étrangers venaient à Besançon pour célébrer leurs repas de noces, ou se rassembler avec leurs amis en de joyeux festins (1).

La plus grande propreté était requise de la part des hôteliers, pour leurs nappes, serviettes et linges de toutes sortes, surtout pour les draps de lit qui devaient toujours être lavés et lessivés avec le plus grand soin, par crainte des maladies contagieuses. Toute infraction était punie de peines très sévères, soit d'amendes variables, dont le chiffre pouvait monter jusqu'à 20 livres, soit même de prison, dans les cas les plus graves (2).

SECTION II

BATIMENTS. — CONSTRUCTIONS

Les ouvriers du bâtiment, travaillant à la construction des maisons et édifices divers, se répartissaient entre les corporations des maçons, charpentiers, débrousseurs et menuisiers, plastrisseurs, toitots et thielliers.

(1) Police N. II., p. 70, et Reg. mun., 2 mai 1559.

(2) Les hôteliers et cabaretiers étaient à Besançon au nombre de 44. Reg. mun., 26 octobre 1590.

L'embellissement de la ville était devenu depuis longtemps une des préoccupations constantes de l'administration de la ville, et nous voyons les Gouverneurs imposer des plans, des modèles de construction aux *maçons* (1), lorsqu'ils ont à édifier des maisons ayant façade sur rue ou donnant sur une place publique. Ce que l'on cherche désormais à obtenir, ce sont de belles rues droites, tant on avait pris en horreur les rues tortueuses d'autrefois, et comme on les veut dorénavant plus larges, l'on exige que les nouvelles maisons suivent un alignement déterminé; enfin, l'on voit qu'au moyen de l'expropriation pour cause d'utilité publique, qui fonctionnait déjà à cette époque, les Gouverneurs peuvent faire racheter et transformer en rues, les maisons de construction trop ancienne, qui auraient pu constituer des foyers redoutables d'incendie.

Le salaire des maçons, par suite des nombreux outils qui leur étaient nécessaires dans leur métier, et des dangers qu'ils couraient dans l'exercice de leur profession, était plus élevé que celui des autres artisans : il était de 3 sous par jour pour les maitres, de 6 blancs pour les valets, enfin de 4 pour les apprentis ; quand celui qui les employait les nourrissait, il ne leur donnait que 2 sous, 4 blancs et 8 engrongues.

Afin que les ordonnances concernant la construction fussent bien observées, les Gouverneurs choisissaient deux d'entre eux, auxquels il donnaient le nom de « Commis des édifices », et dont la mission était d'inspecter et examiner les bâtiments nouveaux qui s'élevaient en deçà et en delà du Pont, et, dans le but de les pousser à travailler avec activité à l'embellissement et à l'amélioration de la Cité, on leur donnait 5 sous par chaque maison nouvelle qu'ils visitaient.

Ces prescriptions apportées à l'exercice du métier de maçon, et tendant à l'amélioration et au perfectionnement de la Cité, nous les retrouvons encore à peu près analogues chez les

(1) Police N. II., p. 122-127.

Chappuys (1) qui, eux aussi, devaient travailler sur des « échantillons » qui leur étaient imposés en quelque sorte par l'administration. En outre, défense leur était faite de construire, aux premiers étages des maisons, des « avant-saillies » dépassant les murs de plus d'un pied et quart, et de disposer à la devanture des boutiques des enseignes larges de plus d'un pied et quart, afin de ne pas intercepter l'air et la lumière (2).

Un des petits profits que les Charpentiers pouvaient tirer de leur travail, consistait dans le cadeau que leur faisait habituellement le patron qui les employait, des restants de bois qu'ils avaient mis en œuvre, et le soir venu, l'on pouvait voir ces artisans, le travail terminé, rapporter à la maison, sous leur manteau, parfois accompagnés de leur femme et de leurs enfants, les « ételles », copeaux et débris de bois qui leur avaient été donnés, et servaient à chauffer leur logis.

Un métier qui avait beaucoup d'analogie avec celui des charpentiers, était le métier des *Débrousseurs et Menuisiers* (3), et tout laisse supposer que les sujets de dissension étaient fréquents entre ces concurrents qui, tour à tour, essayèrent de faire interdire à leurs rivaux tel ou tel genre de travail dont ils prétendaient avoir le monopole. Les débrousseurs et menuisiers s'occupaient plus spécialement de la construction des portes, fenêtres, planchers, tréteaux, escabeaux, « tournements », bancs, coffres, buffets, etc.

Ces artisans avaient une très grande renommée, qu'ils méritaient du reste, et comptaient parmi eux de véritables artistes, tels ceux par exemple qui exécutèrent ces admirables buffets bourguignons du XVIe siècle, que l'on conserve précieusement dans les musées de Besançon, et dont les sculptures faites sur bois sont de tout premier ordre (4).

(1) Police N. II, p. 128-129.

(2) Reg. Mun., 8 février 1569.

(3) Police N. II., p. 131-132.

(4) Cf. Castan. *L'Architecteur Hugues Sambin* (*Mém. Soc. Emul. Doubs*, 1890, p. 378-379), et *la Table sculptée de l'Hôtel de Ville de Besançon et le Mobilier de la famille Gauthiot d'Ancier* (*ibid.* 1879), p. 70-74.

Lorsque les constructions s'étaient élevées grâce à l'industrie des maçons, des chappuys et menuisiers, c'était au tour des plastrisseurs, toitots et thielliers à leur donner leurs soins et à les rendre propres à l'habitation.

Les *plastrisseurs* (1) avaient pour mission « d'empaler » les parois de plâtre, qu'ils devaient « bien conroyer, baptre, virer et retourner par plusieurs fois, jusqu'à ce que les terres soient en bon et dehu estat, et icelles mettre en œuvre, sans bourboyer, gaster, n'attoucher aux posteaulx des paroyx ».

Les *toitots* (2) posaient sur les toits et pignons des maisons des lattes, que les *thielliers* recouvraient à leur tour « de bonnes laves bien mortoyées », afin que le feu et les étincelles ne puissent atteindre les charpentes et provoquer des incendies. Ces « laves » (3) étaient ces grandes pierres plates qui servent encore aujourd'hui, dans certaines régions de la Franche-Comté, à couvrir les toits ; elles tenaient lieu de tuiles à cette époque.

Quant aux ornements de faîte, ils n'étaient pas, à Besançon, en terre, mais en fer-blanc ; il en reste encore d'ailleurs de très beaux spécimens dans la ville.

SECTION III

Habillement : Industries du drap et du cuir

En dehors des pelleteries, dont toutes les classes se couvraient presque exclusivement, l'étoffe dominante pour les vêtements était le drap et la toile, qui étaient préparés par les tisserands et les drapiers.

(1) Police N. II., p. 135.
(2) Police N. II., p. 132-134.
(3) Reg. Mun., 8 février 1509.

La toile fabriquée par les *tisserands* (1), portait le nom de « canevas », et les pièces qui sortaient de leurs mains avaient toutes une longueur de 18 aulnes, sur une largeur de 5 quartiers. Le fil dont se servaient les artisans de cette corporation leur était vendu par les *filandiers* : ceux-ci n'avaient le droit que de vendre ou d'acheter du fil, et s'ils voulaient s'établir tisserands, ils devaient alors payer le droit de maîtrise que versaient ces derniers lorsqu'ils commençaient leur métier.

Quant aux laines que les *drapiers* (2) mettaient en œuvre, après les avoir réparties en cinq tas différents, selon leur qualité, ils les débarrassaient avec soin de tous les corps étrangers qu'elles pouvaient renfermer, tels que terre, pierres, épines, etc. ; puis ils les lavaient à grande eau à plusieurs reprises, et leur faisaient subir diverses opérations préliminaires, telles que le battage, le graissage avec de l'huile destinée à les assouplir, le cardage, qui devait rendre leurs fibres parallèles, l'arsonnage ou trituration sur une claie, enfin la filature elle-même.

La laine, une fois filée, se transformait en drap dans la trame des drapiers et, sitôt préparé, ce drap était livré au *foulon* (3) qui était chargé de le dégraisser et de l'aplanir. Le foulage s'opérait en deux reprises, coupées par un lavage. On distendait ensuite l'étoffe, puis on l'étirait pour lui donner les dimensions voulues, enfin, on lui choisissait une couleur. Cela fait, les maîtres du métier procédaient à la visite des draps fabriqués, marquaient des armes de la ville ceux de bonne fabrication, signe caractéristique qui donnait toute garantie à l'acheteur ; quant aux draps dont la confection laissait à désirer, ils pouvaient bien sans doute être vendus, mais à la condition toutefois que les défauts en soient signalés.

Les habitants de la Cité devaient uniquement s'approvisionner de drap auprès de leurs concitoyens, afin d'encourager les progrès de cette industrie, et empêcher l'argent de sortir de la ville. Exception pourtant était faite à cette obligation, en faveur des seigneurs et gens d'église.

(1) Police N. H., p. 78-80.
(2) Police N. H., p. 75-78.
(3) Police N. H., p. 77.

Le drap et la toile étaient mis en œuvre par les couturiers et pourpointiers, et par les chausseliers qui préparaient les différentes pièces du costume que l'on portait à cette époque.

Pour pouvoir exercer l'industrie de *couturier*(1), il fallait se présenter au préalable devant les maîtres du métier. Ceux-ci faisaient alors subir un examen professionnel au candidat, lui posaient différentes questions afin de s'assurer de ses capacités dans l'art de tailler, assembler et coudre les différentes pièces, et, si cet examen était satisfaisant, ils l'amenaient devant les Gouverneurs qui lui faisaient prêter serment et lui donnaient l'investiture de la maîtrise, après versement d'une somme de 4 florins au Trésorier de la cité. Les couturiers avaient le monopole de la fabrication des vêtements pour hommes et femmes, et confectionnaient des robes, des pourpoints, des jaquettes, selon les indications qui leur étaient données ; lorsqu'ils commettaient quelque malfaçon dans leur travail, leurs clients avaient tout un mois, après la livraison des habits, pour adresser leurs réclamations aux Gouverneurs qui, aussitôt le méfait dénoncé, commettaient un ou plusieurs maîtres jurés pour les renseigner par un rapport écrit : le couturier fautif était puni d'une amende de 60 sous, payait des dommages-intérêts à la partie lésée, et les frais de déplacement des maîtres du métier.

Les couturiers étrangers, même en payant le patos, ne pouvaient venir travailler à Besançon, sans s'y établir, y avoir un domicile, et prendre part au guet et à la garde des portes, comme tous les autres habitants. Néanmoins, un citoyen quelconque pouvait parfaitement faire venir chez lui un ouvrier étranger pour travailler aux vêtements nuptiaux de ses filles, mais c'était alors à ses risques et périls ; car en pareil cas, s'il y avait vol, malfaçon ou quelque chose de semblable, les statuts ne lui accordaient aucun recours.

Les femmes travaillaient aussi à ce métier,

La corporation des *chausseliers*(2), qui ne faisait qu'une

(1) Police N. H., p. 80-82.
(2) Police N. H., p. 82-83. Cf. aussi Reg. mun., 27 mars 1550.

autrefois avec celle des couturiers, formait aux XVIe et XVIIe siècles, un corps de métier séparé, sur lequel l'on défendait à ces derniers d'empiéter. L'on autorisait seulement les couturiers à se servir des coupons qui leur restaient, après avoir confectionné les habits qui leur étaient commandés, pour en fabriquer des chausses pour l'usage personnel de leurs clients, de leurs femmes et enfants. Afin d'éviter toute infraction à cet égard, les maîtres du métier, lorsqu'ils visitaient les ouvroirs des couturiers, se faisaient présenter les chausses fabriquées de la sorte, exigeaient qu'on leur montrât la pièce de drap dont elles étaient faites, et demandaient le nom des personnes auxquelles elles étaient destinées. Ces chausses étaient doublées, cousues de bon fil et, si le travail en était mauvais, l'artisan fautif était tout d'abord condamné à une amende de 60 sous; puis on lui faisait payer des dommages-intérêts à la partie lésée, si celle-ci avait fourni le drap et, au cas contraire, les chausses mal faites lui restaient pour compte.

Le drap étant encore, à cette époque, presque une étoffe de luxe, et par conséquent assez coûteuse, l'on ne doit pas s'étonner de l'usage très répandu des *pelleteries et fourrures* qui servaient de vêtements aux personnes de toutes les conditions, aux pauvres comme aux riches, aux gens du peuple et aux ouvriers, comme aux bourgeois et aux clercs. Les *fourreurs* (1) employaient surtout les peaux d'agneau, de chat, de renard, de lièvre, de lapin, d'hermine, de petit-gris, de martre-zibeline et de loir. Ils se servaient aussi de chien, de loup, de daim, de chèvre, de genette, de blaireau, de fouine et de mouton. Ces peaux étaient lavées, foulées aux pieds quatre ou cinq heures durant, couroyées, battues et étendues, jusqu'à ce qu'elles soient aptes à être mises en vente, ou soient devenues suffisantes, pour que l'on puisse y tailler des manteaux et des fourrures.

Les *coiffures* que portaient les gens des XVIe et XVIIe siècles étaient les *chapeaux* (2) et les *bonnets* (3). Les chapeaux étaient

(1) Police N. H., p. 83-85.
(2) Police N. H., p. 86-88.
(3) Police N. H., p. 85-86.
Sous Louis XIII, ces chapeaux deviendront énormes : ce seront alors de lourds feutres chargés de plumes et munis d'ailes assez vastes pour préserver le corps

faits communément de feutre, et cousus à l'aiguille avec de la laine de couleur; ils se vendaient de 14 à 18 blancs, et ressemblaient assez à nos melons actuels, quoique plus larges et plus lourds. Quant aux bonnets, ils étaient en coton ou en laine et on leur donnait des couleurs variées, selon le goût des acheteurs. L'on en vendait de quatre sortes, différentes par la qualité, la finesse et le prix, et l'on fabriquait même « quelques grosses caules » et des bonnets de nuit qui étaient spécialement faits pour les « bons hommes de village ». Les bonnetiers bisontins, ennemis de la concurrence, avaient fait défendre aux bonnetiers étrangers de venir vendre leurs produits à Besançon.

L'Industrie du Cuir était exercée par les Corporations des *tanneurs, corroyeurs et cordonniers* (1). Ces métiers, qui autrefois étaient réunis ensemble, avaient été séparés par de nouvelles ordonnances, qui avaient interdit qu'on les exerçât tous à la fois. Or, cette division, parait-il, présentait des inconvénients ; aussi, au XVIe siècle (2), voyons-nous les artisans de ces différentes corporations présenter une requête aux Gouverneurs de la Cité, leur demandant de bien vouloir revenir à l'ancien état de choses, tel que l'établissaient les vieilles ordonnances. Après enquête faite par quatre des Gouverneurs, rapport rédigé par ceux-ci, consultation prise auprès de plusieurs notables et « gens de bien » de la Cité appelés à cet effet en l'Hôtel Consistorial, les Gouverneurs firent droit à la demande de ces ouvriers, et autorisèrent les tanneurs et corroyeurs à exercer le métier de cordonnier, et inversement, à la condition toutefois, en cas de cumul, de payer un droit de 8 florins, alors que ce droit n'était que de 10 sous pour ceux qui n'exerçaient qu'un seul de ces métiers.

Les artisans de ces différentes corporations ne pouvaient vendre leurs cuirs ou s'en servir, avant de les avoir fait examiner et marquer aux armes de la Cité. Sur chaque cuir ainsi

tout entier, du soleil et de la pluie. Brantôme, resté fidèle à la toque, voyait avec colère « ces grands fatz de chapeaux, que l'on porte garnys de plus de plumes en l'air qu'une autruche ne peut fournir en chascun ».

Brantôme, *Œuvres*, t. I, p. 45.

(1) Police N. H., p. 71-72.

(2) Police N. H., p. 72.

marqué, l'on prélevait le droit dit de la gabelle ; ce droit était de 2 blancs par cuir de bœuf, de 1 blanc par cuir de cheval, enfin de 2 blancs par douzaine de cuirs de chèvre, de mouton, de porc, de veau, de chevreau ou de cerf ; quant aux cuirs de dimensions encore plus petites, ils ne payaient qu'un petit blanc par douzaine. Ce droit de la gabelle des cuirs était mis aux enchères, le premier jour de chaque année, et adjugé au plus offrant et dernier enchérisseur. Celui-ci, dès le lendemain, devait se présenter devant les Gouverneurs, et leur faire le serment de bien examiner tous les cuirs qui lui seraient soumis, et de les marquer scrupuleusement aux armes de la Ville, enfin de signaler tous les abus et tous les délinquants qu'il trouverait dans ses tournées d'inspection ; en cas de négligence ou de faute de sa part, il était puni d'une amende de 60 sous.

Les *Cordonniers* (1), qui devaient leur nom à l'espèce de cuir qu'ils employaient le plus souvent, le cordouan (2), peau de chèvre apprêtée suivant des procédés spéciaux, vendaient des souliers qu'ils confectionaient habituellement avec du cuir de bœuf, de vache ou de chèvre ; ils ne pouvaient se servir de cuir de cheval ou de veau que pour de petits souliers, ou des bottines de taille et dimension particulières, faites spécialement pour des malades ou estropiés, et encore devaient-ils les doubler, afin qu'elles se tinssent fermes et solides. Ces souliers étaient de différentes qualités : il y avait les souliers doublés, pour les nobles, les clercs, les marchands, les bourgeois : ils se vendaient selon la quantité des points. Il y avait aussi les souliers pour les vignerons, les laboureurs et tous les gens de travail, qui se vendaient à un prix moins élevé ; il y avait enfin, pour les ouvriers, des souliers de basse qualité, faits de cuir de cheval ou de veau, et dont le prix se débattait librement entre le marchand et l'acheteur.

Tous les mercredi et samedi de chaque semaine, les tanneurs et cordonniers installés dans leurs « chambrettes », sises derrière la Madeleine, et qu'ils louaient à la Cité, se livraient à la vente des cuirs nécessaires aux laboureurs.

(1) Police N. II., p. 73.
(2) Ducange, Glossaire, au mot Cordebisius.

SECTION IV

INDUSTRIE DES DIFFÉRENTS MÉTAUX

Les ouvriers qui travaillaient les différents métaux, tels que l'or, l'argent, le fer, le cuivre, le laiton, l'archal, l'étain, s'étaient divisés en plusieurs corporations qui avaient obtenu chacune des règlements distincts : c'étaient les corporations des orfèvres et argentiers, des serruriers, des potiers de cuivre et d'étain, des bouteniers, espingliers et boucheliers, des maréchaulx, enfin des morguandiers et esperonniers.

Le nom seul des *Orfèvres et Argentiers* (1) rappelle les objets splendides que ces artisans fort distingués fabriquaient à cette époque, et la richesse inouïe des matières qui passaient entre leurs mains ; on n'a, pour s'en convaincre, qu'à jeter les yeux sur les inventaires de la fin du Moyen Age et de la Renaissance, et l'on a aussitôt une idée de ces splendeurs, sur lesquelles nous ne sommes nullement renseignés par les règlements mêmes de cette corporation, car ils ne laissent transpirer aucun détail, ni sur la valeur des diverses matières mises en œuvre, ni sur les secrets de la fabrication : c'est là du reste, il faut le reconnaitre, l'habitude des différents corps de métiers de Besançon, qui n'affectent en général de consigner dans leurs statuts, que les règlements ordinaires d'administration. Ils se bornent à exiger l'emploi de l'or fin ou de l'argent fin (2), défendant aux ouvriers de cette communauté de dorer ou d'argenter simplement, les objets qu'ils mettaient dans le commerce.

Ces artisans fabriquaient des anneaux, des chaines, des bagues, des calices, des boites, des reliquaires, des tasses, des coupes, des cuillers, et sur chacun de ces objets ils appo-

(1) Polic. N. 4, p. 108-111.
(2) Reg. mun., 23 août 1627.

saient leur poinçon, qui consistait en l'initiale de leur nom : c'était un moyen facile de retrouver le fabricant en cas de malfaçon. Une de leurs obligations professionnelles était, lorsqu'on leur remettait une fausse pièce, de la couper en deux, d'en remettre une moitié à celui qui la leur avait donnée, et d'apporter l'autre partie aux Gouverneurs, qui assignaient alors devant eux la personne nantie du restant de la pièce, afin qu'elle leur en explique la provenance.

En cas de presse, c'est-à-dire au moment de grandes fêtes ou de noces par exemple, les Argentiers et Orfèvres pouvaient se prêter mutuellement leurs ouvriers.

Les *Serruriers* (1) étaient soumis à une réglementation très sévère, dans l'exercice de leur métier : défense leur était faite de travailler « en leur cave » ou secrètement, défense aussi de confectionner une clef sur des empreintes de plomb ou de cire, comme de travailler sur le modèle d'une clef qui leur était présentée par une personne inconnue d'eux. L'on voulait ainsi éviter que ces artisans ne devinssent les complices involontaires des malfaiteurs, et toute infraction à ces prescriptions qui concernaient la sûreté générale, était punie d'une amende de 60 sous.

Les *Bouleniers, Épingliers et Boucheliers* (2) travaillaient le laiton ou le fer, qu'ils étiraient, aiguisaient et polissaient, selon les vieilles règles du métier ; les épingliers vendaient leurs épingles disposées par cent ou par mille sur des pochettes de papier ou de carton.

Le métier de *Potier* occupait deux corporations : les *potiers de cuivre et les potiers d'étain* (3). Ces artisans fabriquaient des plats, des écuelles, des pots, des assiettes, des aiguières, des gobelets, des cuillers, des fourchettes, des lampes. Le métal dont ils se servaient était soumis à des règles d'alliage déterminées : les potiers de cuivre pouvaient faire entrer une proportion de 8 0/0 de plomb dans leur alliage, les potiers d'étain de 1 1/2 à 2 0/0.

(1) Police N. II., p. 117-118.
(2) Police N. II., p. 118-119.
(3) Police N. II., p. 119-121.

Comme les orfèvres, ils marquaient à leur poinçon particulier, tous les objets qui sortaient de leurs mains.

Les *Mareschaulx* (1) exerçaient une industrie très étendue : non seulement ils ferraient les chevaux, mais encore fabriquaient des fers de charrues, des haches, des piques, des brancards, des marteaux, des ciseaux, des vilebrequins, enfin, en général, tous les outils dont se servaient les laboureurs, les maçons, les vignerons et les charpentiers ; ils donnaient en outre certains soins aux chevaux et leur faisaient certaines opérations, qui sont aujourd'hui de la compétence ordinaire des vétérinaires ; c'étaient eux qui leur coupaient la queue ou les oreilles, qui les saignaient, qui les brûlaient au fer rouge pour cautériser leurs plaies, ou les guérir de la gourme ou autres maladies de ce genre. Toutes ces opérations ne pouvaient avoir lieu chez eux, mais devaient se faire à l'extérieur des murs de Besançon, et, lorsque quelque animal succombait pendant une de leurs opérations, ils ne pouvaient le jeter à l'eau qu'en un lieu déterminé, près de la porte Malpas, d'où il était entraîné par le courant, sans risquer d'être retenu par les écluses, d'arrêter les moulins, et d'infester la Cité.

SECTION V

MÉDECINE

« D'aultant que les choses de ce monde sont plus chières et « plus précieuses, d'aultant plus est-il nécessaire de pourveoir « à icelles avecques plus d'asseurance ; or, est-il que les corps « et créatures raisonables sont trop plus dignes que les biens de « ce monde, par quoi il fault avoir plus d'esgard sur l'état des « médecins, apotiquaires et cyrurgiens qui ont lesd. corps en « cure. (2) » Tels sont les propres termes en lesquels débute l'ordonnance réglementant la corporation des médecins, nous

(1) Police N. II., p. 113-115.
(2) Police N. II., p. 88.

prouvant en quelle estime et considération l'on tenait à Besançon les hommes de l'art, ainsi que leurs collaborateurs de toutes sortes.

Tout *Médecin* (1) qui venait de terminer ses études, ou arrivait de quelque autre endroit, pour s'établir à Besançon, devait, avant de pratiquer son art, se présenter devant les Gouverneurs et leur demander licence d'exercer. Ceux-ci le faisaient aussitôt examiner et interroger, et, s'il était jugé capable, l'autorisaient à s'installer dans la Cité, et lui faisaient prêter serment de s'acquitter de ses fonctions en toute conscience, et de donner aux pauvres des soins aussi dévoués qu'aux riches. Les statuts recommandaient bien aux médecins, pour guérir rapidement leurs malades, de « veoir sur leurs livres les raisons de leurs maladies », d'étudier les aspects revêtus par la maladie, la complexion du patient, d'écouter les renseignements que celui-ci donnait sur les maux dont il souffrait, toutes indications indispensables pour prescrire une ordonnance salutaire.

La plupart du temps, lorsque les médecins avaient ordonné une potion d'une préparation délicate, ils restaient auprès des apothicaires pendant tout le temps que ceux-ci la préparaient, afin qu'elle ne pût faire aucun mal à leurs clients, et ne leur fasse pas perdre aussi leurs pratiques ; quant aux apothicaires, c'était leur droit et leur devoir de se refuser à préparer les drogues que les médecins leur prescrivaient de faire, lorsqu'elles leur semblaient suspectes ; en pareille occurrence, rapport devait en être immédiatement adressé aux Gouverneurs, qui prenaient aussitôt toutes mesures nécessaires.

Un des devoirs professionnels des médecins était de visiter, de concert avec les Commis de la Cité, et au moins une fois par an, les boutiques des apothicaires, de se faire présenter par eux leurs différentes drogues, de mettre de côté celles qui étaient bonnes, et de faire jeter immédiatement au feu celles qui étaient mauvaises ou passées, sans qu'il puisse y avoir aucune opposition de la part de ces commerçants, sous peine d'intervention des Gouverneurs.

Une autre obligation à laquelle étaient astreints les médecins, était, dès qu'ils avaient connaissance d'un cas de peste

(1) Police N. H., p. 88-91.

ou de maladie contagieuse, d'en prévenir les Gouverneurs, afin que ceux-ci puissent prendre immédiatement les mesures nécessaires pour empêcher la propagation de la maladie (1). Quant à ceux qui avaient visité de tels malades, ils devaient s'enfermer tout aussitôt en leur logis et ne plus fréquenter personne, afin de ne pas communiquer le mal dont ils pouvaient être contaminés à leur tour. En cas d'épidémies de ce genre, l'on avait recours à des médecins de bonne volonté pour donner leurs soins aux personnes atteintes par la maladie (2).

Le métier d'*Apothicaire* (3) était, à cette époque, dans un rapport très étroit avec celui des médecins; les statuts nous disent qu'il lui est « quasi conjoint », qu'il « fraternise » avec lui, et à un tel point « que l'ung à grande peine puisse rien faire sans l'aultre ». Comme pour les médecins, l'on exigeait des apothicaires de sérieuses garanties de capacité et de savoir, dont on s'assurait par un examen approfondi. Détail curieux : tout apothicaire devait avoir dans sa boutique, en un lieu bien en vue, une corde en forme de nœud coulant, servant à rappeler à ceux qui venaient acheter des poisons ou des drogues mortelles, que la justice punissait du gibet les empoisonneurs. Bien plus, nul d'entre eux ne pouvait livrer de telles drogues à des hommes inconnus ou à des femmes, et même chacun d'eux, en pareille occasion, était tenu de signaler ces personnes suspectes aux Gouverneurs, qui devaient alors les faire comparaître devant eux, et leur demander l'usage auquel elles destinaient les poisons qu'elles avaient réclamés. Il était pourtant permis aux apothicaires de délivrer pareilles substances à quelques artisans, comme les argentiers et maréchaux, dans l'industrie desquels certains acides nocifs étaient indispensables, mais ils ne devaient les livrer qu'à ceux-ci mêmes, et non à leurs femmes, enfants, valets ou chambrières. Si, par la pluie, le froid ou le chaud, leurs médicaments se gâtaient ou perdaient de leurs vertus, en bons et loyaux marchands, ils devaient les « jeter hors de « leur boutique et faire comme nostre Mère Sainte Eglise, qui

(1) Reg. mun., 23 novembre 1538; 19 octobre 1542.
(2) Reg. mun., 31 mai 1531.
(3) Police N. H., p. 91-94.

« gette hors les faulx hérétiques et excommuniez, ne recepvant que les bons expiants et dévots catholiques ».

C'étaient les apothicaires eux-mêmes qui allaient à la recherche des racines et des herbes qui leur servaient à préparer leurs drogues, qu'ils ne pouvaient confectionner qu'aux temps, saisons et heures propices, ou tout au moins déclarés tels par les docteurs.

Ils vendaient aussi toutes sortes d'épices, comme du gingembre, du poivre, de la cannelle, des noix, des clous de girofle, du safran. Comme nous l'avons dit plus haut, leurs boutiques étaient inspectées chaque année par les médecins, et ils ne pouvaient se refuser à ces visites, sous peine d'être interdits du métier pendant un temps plus ou moins long.

Les apothicaires devaient se faire payer, dans l'année de la livraison, le prix de leurs produits ; passé ce délai, ils ne pouvaient plus rien réclamer de ce qui leur était dû.

Les apothicaires ne se contentaient pas de préparer et vendre des drogues et médicaments, ils avaient aussi le devoir de visiter leurs malades, de jour comme de nuit, et, ajoutent aussi les statuts, de les consoler « en leur donnant esprit, cueur et courage de santé et guérison ».

Quant à la mission des *barbiers et chirurgiens*(1), elle consistait non seulement à raser, mais encore à saigner les clients qui réclamaient leurs services. Avant de pouvoir s'établir, les candidats étaient examinés par les maîtres du métier qui les interrogeaient sur la situation et la nature des veines, sur l'usage et l'utilité des saignées, l'époque à laquelle celles-ci devaient se faire ; de même, ils les questionnaient sur les façons d'aiguiser les ciseaux, rasoirs et lancettes, enfin sur tous les détails indispensables pour le bon exercice de leur art. Les chirurgiens visitaient leurs patients deux fois par jour et ne devaient les panser qu'avec des onguents de bonne qualité : on voulait ainsi porter remède aux façons d'agir de quelques chirurgiens, qui s'arrangeaient pour entretenir et même envenimer au besoin, les plaies qu'ils avaient à soigner, afin de

(1) Police N. H., p. 94-96.

garder le plus longtemps possible leurs malades, et faire grossir le montant de leurs honoraires.

Naturellement, il était toujours permis à un malade, qui ne se trouvait pas satisfait des soins que lui donnait son chirurgien, de s'adresser à un autre, mais il va sans dire qu'il était défendu aux chirurgiens de se faire entre eux une concurrence déloyale, et de chercher à se prendre les clients les uns des autres.

LIVRE II

L'ASPECT ET L'ORGANISATION INTÉRIEURE DE LA CORPORATION BISONTINE

Nous venons de faire défiler devant les yeux les principales corporations bisontines des XVIe et XVIIe siècles, ce qui nous a déjà donné une idée de ce qu'était la classe industrielle à cette époque, en nous indiquant aussi quelle était son importance, et le commerce auquel elle se livrait. Mais cela ne suffit pas pour nous éclairer complètement sur son organisation intime, et il nous faut, maintenant que nous avons fait connaissance avec l'ensemble de la corporation, pénétrer plus avant dans la vie de celle-ci, examiner un à un, pour les étudier plus en détail, chacun des rouages de son mécanisme, et en tracer un tableau général.

Nous trouvons dans la corporation trois catégories de travailleurs : les apprentis, les valets et les maîtres; ceux qui instruisent, ceux qui servent, ceux qui commandent.

L'on débutait jeune comme apprenti, car les années d'apprentissage étaient souvent fort longues; le jeune apprenti devait respect et obéissance à son maître, mais celui-ci avait aussi, de son côté, des devoirs vis-à-vis de son jeune apprenti : sa jeunesse constituait en quelque sorte une charge d'âme pour lui, et il devait le traiter comme son enfant à lui, et employer tous ses soins à en faire, en même temps qu'un homme, un bon ouvrier.

Dès que son apprentissage était terminé, l'apprenti ne pouvait pas toujours, comme autrefois, s'établir aussitôt à son compte; en effet, l'essor pris par l'industrie, ayant donné plus d'importance à la condition des maîtres, ceux-ci, qui voyaient avec déplaisir leurs apprentis d'hier devenir le lendemain leurs égaux, avaient voulu les maintenir pour quelque temps encore sous leur dépendance, et ils y étaient arrivés en faisant établir, dans de très nombreux cas, que le candidat à la maîtrise devait servir un certain nombre d'années comme ouvrier, avant de pouvoir s'établir à son compte, et jouir des prérogatives accordées aux maîtres. Mais, une fois ce temps de stage terminé, le compagnon pouvait rester valet ou devenir maître : maître, si ses ressources lui permettaient de payer les droits de maîtrise; valet, si celles-ci étaient insuffisantes.

Le valet, bien que travaillant sous les ordres d'un maître, ne joue pas moins un rôle dans la corporation, où il est une personnalité avec laquelle il faut compter. C'est lui qui choisit le maître chez lequel il veut travailler, qui discute les clauses de son engagement, et peut enfin quitter celui qui l'emploie, quand bon lui semble. Il fait enfin toujours partie de la confrérie, et se trouve attaché par des liens puissants et amicaux vis-à-vis de ses confrères, qui le secourront en cas de besoin et lui donneront du pain, si les malheurs l'accablent et le réduisent à la misère.

Quant au maître, ce n'était pas, comme nous l'avons fait remarquer, un ouvrier supérieur au valet. C'était comme lui un ancien apprenti, mais un ancien apprenti dont les ressources avaient été suffisantes pour pouvoir payer le prix d'un métier, ou un fils de patron qui n'avait eu qu'à succéder à son père. Le maître assiste aux différentes assemblées des métiers, peut exercer les fonctions de garde du métier, pour surveiller la réglementation du travail et assurer la bonne fabrication, enfin collabore toujours à la nomination de ces gardes.

Apprenti, valet, maître, telle est la hiérarchie du corps de métier : chacun n'arrive pas au faîte. Comme toujours et partout, seuls les plus riches et les plus intelligents se poussent en avant, laissant bien loin derrière eux, ceux qui auparavant étaient leurs égaux; et tels qui étaient petits apprentis en même temps, se retrouvent, l'un, maître riche et considéré, l'autre, encore valet à la solde d'un patron.

Cette organisation n'allait pas sans un contrôle et une autorité supérieure : ce pouvoir était remis entre les mains des gardes du métier. Ceux-ci étaient pris parmi les maîtres, et exerçaient la plupart des fonctions financières et de police; c'étaient eux qui préparaient le budget de la communauté, établissaient son actif, liquidaient son passif; enfin, ils étaient les garants de la bonne fabrication, et de l'observation des règlements.

A côté et au-dessus d'eux, nous trouvons enfin la juridiction suprême des Gouverneurs, qui avaient pour les assister dans leur tâche un Secrétaire, un Trésorier, un Contrôleur, enfin des Commis.

Tel est le corps de métier à Besançon, aux XVIe et XVIIe siècles, avec sa hiérarchie à trois degrés, sa consitution et ses magistrats. Chaque métier veut et a ses statuts, et c'est bien là qu'éclate le particularisme si caractéristique du régime corporatif bisontin, où chaque métier exige des règles différentes de celles du métier voisin, de façon qu'aucune confusion ne soit possible entre eux, et que chacun jouisse des prérogatives qu'il saura, au besoin, revendiquer hautement, et défendre contre les empiétements (1).

Du reste, cette défiance vis-à-vis du voisin n'est pas le seul motif qui ait poussé à la rédaction des statuts : les communautés avaient aussi à craindre la concurrence et l'intrusion des étrangers, et il fallait qu'elles leur interdissent l'accès des métiers. C'est là un véritable esprit de monopole qui fait que chaque artisan est dans sa corporation, comme dans une forteresse, où les ennemis — j'entends les concurrents — ne peuvent pénétrer. Mais, n'en faisons pas un trop gros reproche à l'ouvrier de ce temps : c'est là un trait inhérent à l'époque, où tout est privilège octroyé, et où l'idée du droit commun ou na-

(1) Ce particularisme, qui se manifeste d'une façon si frappante à Besançon, n'est pourtant pas spécial à cette cité : il existait de la même manière, et au même degré, dans toutes les villes de la France.

turel ne semble pas encore avoir pénétré les esprits; or, pourquoi les rédacteurs des statuts n'auraient-ils pas cédé à cette tendance monopoliste en les écrivant? L'égoïsme est une force dans le monde, et l'on a toujours vu, et l'on verra toujours ceux qui font les lois, les faire dans le sens de leurs intérêts particuliers, en vue de leurs avantages directs (1).

(1) Du reste, l'esprit de monopole, le protectionnisme, enfantin souvent, du XVIe siècle, est bien plutôt un fait d'ordre économique qu'un fait d'ordre moral C'est en un sens, une véritable nécessité à l'époque où la *circulation* se fait encore très mal, où quantité d'entraves empêchent les produits naturels ou manufacturés de passer à travers les provinces encore ennemies les unes des autres, et où par conséquent l'on peut toujours craindre la *disette*.

CHAPITRE PREMIER

L'APPRENTI.

Laconisme des statuts sur les apprentis. — Les conditions à réunir par l'apprenti et le patron. — Le contrat d'apprentissage. — La durée de l'apprentissage. — Le nombre des apprentis par corporation ; leur travail ; leur condition.

Une chose qui étonne à première vue dans la lecture des statuts des métiers bisontins, c'est de voir que ceux-ci ne donnent que des renseignements pour ainsi dire insignifiants sur les apprentis, leur condition et leur travail, alors qu'une telle réglementation devait être considérée comme une des plus importantes, étant donné que c'est sur l'apprenti que reposent toutes les espérances de la Corporation dont il sera le continuateur, et que rien ne doit être négligé dans les prescriptions qui le concernent. Cette abstention des textes s'explique, à mon sens, par ce fait tout naturel, que la réglementation de l'apprentissage était si bien connue de chacun, si bien ancrée dans les esprits de tous les patrons, ne présentant aucune difficulté ni matière à contestation, qu'il semblait inutile de rappeler des prescriptions toutes simples, que nul n'ignorait, et de surcharger les statuts de mentions inutiles (1).

(1) Peut-être est-ce aussi parce que l'on considère que la Corporation ne comprend que des adultes, des gens ayant passé le chef-d'œuvre, et que les apprentis n'en faisant pas virtuellement partie, on estime qu'il n'est nul besoin d'en parler.

Les règlements fixent un âge minimum pour l'entrée en apprentissage : celui de douze ans (1), et tout le travail fourni antérieurement, ne pouvait compter comme stage ; l'on interdisait ainsi le métier à des enfants encore trop jeunes pour s'instruire utilement. Aucune autre condition particulière, autre que celle de l'âge, n'était exigée de l'apprenti (2), mais il n'en est pas de même à l'égard du patron : celui-ci doit tout d'abord avoir la maîtrise, la meilleure garantie qu'il puisse fournir de ses capacités dans le métier ; il doit être fils de citoyen, et citoyen lui-même depuis dix ans, enfin, savoir lire et écrire (3). Ce que n'ajoutent pas les textes, mais qui certes était sous-entendu par eux, étant données les idées de l'époque, c'est que cet homme fût de bonne vie et mœurs, afin qu'on pût lui confier en toute sécurité la garde d'un enfant, dont il n'était pas destiné à être seulement l'éducateur de l'esprit, mais encore l'éducateur de l'âme.

Le plus souvent, on avait recours à un contrat d'apprentissage, pour déterminer la nature des rapports entre le patron et son apprenti, et ce contrat était passé en forme d'acte authentique avec signatures légalisées (4). Les maîtres étaient obligés de faire inscrire sur le livre de la maîtrise, le jour où leur apprenti avait commencé son stage et, afin d'intéresser les deux parties à l'exécution de cette prescription, il était décidé qu'en cas d'oubli de cette formalité, le patron serait condamné à des dommages-intérêts vis-à-vis de son apprenti ; quant à celui-ci, on ne lui tenait aucun compte du temps pendant lequel il avait travaillé avant cette inscription (5).

Le nombre des apprentis était prévu par les statuts : les maîtres ne pouvaient pas en avoir plus de deux à la fois en leur logis (6). Cette prescription se plaçait-elle uniquement au

(1) Statuts de 1689, p. 59, t. II.

(2) Sauf toutefois chez les apothicaires, dont les apprentis devaient savoir lire et écrire et comprendre le latin. — Statuts de 1689, p. 115, t. IX.

(3) Statuts de 1689, p. 59, t. II.

(4) Statuts de 1689, p. 124, t. II.

(5) Statuts de 1689, p. 59, t. III, p. 115, t. IX : « Les maîtres seront obligés de faire inscrire sur le livre de la maîtrise le jour que leurs apprentifs auront commencé leur apprentissage, à peine d'intérêt envers eux, et aux apprentifs de n'être point compté pour leur apprentissage le temps qu'ils auront travaillé avant ladite inscription ».

(6) Statuts de 1689, p. 133, t. XXVII, p. 115, t. IX.

point de vue de l'intérêt de l'apprenti, considérant qu'il est plus facile de mieux instruire deux apprentis que d'en instruire un plus grand nombre ? Nous ne le croyons pas. Dans cette limitation, il faut voir autre chose, et, en la commentant quelque peu, l'on s'aperçoit bien vite qu'elle n'est qu'une résultante de l'esprit essentiellement exclusiviste de l'époque : il était de l'intérêt des patrons de limiter autant que possible le nombre des concurrents futurs, afin que les profits ne puissent tomber qu'entre le plus petit nombre de mains, et le seul moyen pour eux d'arriver à ce but, était de restreindre à tout prix le nombre des apprentis, ce qui, du même coup, leur permettait de diminuer le nombre des maitres futurs, c'est-à-dire de rivaux nouveaux.

Lorsque le maitre mourait, si sa veuve était autorisée à continuer le métier à sa suite, elle ne pouvait alors prendre à son service aucun apprenti (1), et ici, empressons-nous de le reconnaitre, cette prescription devait avoir en vue l'intérêt du jeune homme, car sans doute l'on craignait que cette femme ne sût pas donner à son petit employé, l'instruction qui lui était indispensable, pour devenir un bon ouvrier.

La durée de l'apprentissage était plus ou moins longue, suivant les métiers ; dans tel, celui des apothicaires et des chirurgiens, il ne durait que trois années (2) ; dans tel autre, comme celui des orfèvres, l'on exigeait un stage non interrompu de six années (3). Ces différences bien souvent, ne s'expliquent nullement par la difficulté plus ou moins grande des métiers, et nous en avons un exemple frappant par les chiffres que nous venons de signaler avec intention, et qui nous montrent, que l'on réclamait moins de stage de l'homme appelé à tenir dans ses mains la santé et la vie de ses semblables, que de celui qui devait se consacrer au travail des métaux.

Ce que l'on peut remarquer aussi, c'est la tendance à faire durer cet apprentissage le plus longtemps possible, et cela, non par préoccupation d'assurer la perfection du travail, mais

(1) Statuts de 1680, p. 133, t. XXVII : « Ne pourront lesdites veuves tenir aucun apprentif dans leurs boutiques, ni tous les maîtres plus de deux ».
(2) Statuts de 1680, p. 114, t. II ; p. 124, t. II.
(3) Statuts de 1680, p. 50, t. II.

bien pour permettre aux patrons de jouir pendant de longues années des services gratuits d'un apprenti qui, peu à peu, devenait pour eux un collaborateur expérimenté ; d'autre part, en conservant ainsi très longtemps les apprentis, en les empêchant de se succéder rapidement, l'on rendait les vacances rares dans cet emploi de début forcé, et l'on diminuait encore par ce moyen le nombre des maîtres futurs.

L'apprentissage n'était pas gratuit, et, avant d'entrer en fonction, tout apprenti devait payer au receveur de la maîtrise une somme de 30 sous, qui avait remplacé la livre de cire blanche qui se donnait autrefois, ainsi qu'une même somme de 30 sous pour la boîte de la Confrérie ; si les maîtres négligeaient de percevoir ces droits, c'étaient eux qui en étaient responsables, et devaient les payer de leur poche au Receveur, sans pouvoir présenter aucune excuse, ni obtenir une diminution ou réduction quelconque (1).

Que faisait l'apprenti, à quels travaux se livrait-il, et quels étaient ses devoirs et aussi ses droits ?

L'apprenti était en quelque sorte le serviteur de son maître : c'était lui qui rangeait et nettoyait l'atelier. qui faisait les courses du patron et de sa famille, ainsi que celles que nécessitait le métier auquel il travaillait, et qu'on le jugeait capable d'exécuter. On exigeait de lui une obéissance de tous les instants, non seulement vis-à-vis de ses maîtres, mais aussi vis-à-vis des ouvriers (2), ses aînés dans le métier, qui surveillaient eux aussi son instruction, lui donnaient l'initiative technique et professionnelle, enfin la connaissance des us et coutumes du métier, qu'il apprenait au jour le jour, en vivant de la vie du patron et des ouvriers. Le maître était tenu de l'instruire de son mieux, et ne devait rien lui cacher des secrets de la fabrication, sous peine de se voir condamner, tout d'abord à une amende arbitraire, ensuite à des dommages-intérêts vis-à-vis de son jeune élève (3).

(1) Statuts de 1680, p. 131, t. XXIV : « Tous apprentifs, avant que de travailler, payeront au Receveur de la maîtrise, au lieu de la livre de cire blanche qui se donnait du passé, 30 sols tournois, et pareille somme pour la boëte de la Confrérie ; faute de quoy, les maîtres chez qui ils feront apprentissage, en seront responsables, et les payeront sans remise audit Receveur ».

(2) Audiger. La Maison Réglée, p. 162.

(3) Statuts de 1680, p. 130, t. IX. « Tous maîtres Pâtissiers et Boulangers

La plupart du temps, l'apprenti avait tout pour être heureux : c'étaient ses parents qui lui choisissaient son patron, presque toujours un de leurs amis, chez lequel le petit garçon était traité comme un enfant de la maison ; là, il se trouvait avec un petit compagnon de son âge, quelques ouvriers, ses éducateurs, avec lesquels il vivait en bons termes et qui étaient, non seulement ses camarades de travail, mais encore ses camarades de table et de jeu. Dans quelques corporations même, l'apprenti était payé ; ce cas très rare avait lieu par exemple chez les Maçons, les Paveurs, les Charpentiers, les Débrousseurs et Menuisiers, les Toitots, enfin les Tonneliers : ces artisans, en effet, allaient travailler, tant maitres qu'ouvriers et apprentis, pour le compte de particuliers qui devenaient par ce seul fait les patrons de chacun d'eux, et qui dès lors devaient leur remettre la somme que méritait leur ouvrage ; et ainsi, nous voyons le petit apprenti toucher de 3 à 4 blancs par jour, et même davantage, lorsqu'il était adroit et expérimenté ; par contre, quand il était nourri chez ce patron-entrepreneur, il ne recevait que 8 engrongues, mais alors il avait droit à trois repas par jour (1).

Ce que nous venons de décrire, c'est le beau côté de l'apprentissage. Voyons maintenant son mauvais côté. L'apprentissage, il ne faut pas se le dissimuler, était quelque chose comme une sorte de servage qui liait d'une façon immuable et définitive le jeune apprenti à un maitre, dont il devenait la chose pour un temps déterminé ; il ne pouvait en effet résilier son contrat, et même, lorsqu'il était tombé sur un mauvais patron, il devait rester chez lui, avec défense de chercher à se faire embaucher ailleurs ou d'écouter les propositions d'un autre maitre (2). La mort seule, ou le consentement de son patron, lui permettaient de changer de place, car, lorsqu'il allait solliciter du travail en quelqu'autre atelier, il devait justifier qu'il était libre de tout engagement, ou présenter un congé écrit de la main de son ancien patron. Pourtant, dans cer-

devront enseigner bien et fidèlement leurs apprentifs esdites professions, en tout ce qui les concerne, sans leur en rien céler, à peine de désintéresser les parties, et d'amande arbitraire ».

(1) Police N. H., p. 126, 127, 130, 132, 133, 136.

(2) Statuts de 1680, p. 45, t. XVIII ; p. 51, t. XI ; p. 95, t. XXV.

tains cas exceptionnels, qui devaient se présenter assez rarement, les Gouverneurs ou leurs Commis, après avoir pris le consentement de leurs maîtres, pouvaient résilier le contrat de certains apprentis, et leur permettre de s'embaucher chez d'autres patrons. Pour assurer la stricte observation de ces réglements, l'on en punissait toute infraction d'amendes très sévères, dont une moitié revenait à la Caisse de la Cité, et l'autre à ceux que leurs apprentis avaient indûment quittés (1).

Il ne faut pas se dissimuler enfin, l'injustice du sort de cet apprenti qui était lié par un lien indissoluble à son patron, et qui, à de très rares exceptions près, demeurait, pendant les longues années que l'on faisait durer son apprentissage, sans toucher aucun salaire, alors qu'il méritait depuis longtemps une rétribution que nous lui voyons obtenir dès aussitôt qu'il a terminé le stage qui lui est imposé, et que, débarrassé des entraves de ce servage injuste, il peut aller se placer à gage chez le patron qui lui plaît.

Une petite pièce de vers, la *Farce du Couturier* (2) pourrait à cet égard, par la peinture d'une situation qui devait être générale à l'apprenti de toutes les contrées, et non seulement à celui de Paris, nous permettre d'illustrer en quelque sorte, par des faits saillants, et par une peinture amusante, la condition du petit apprenti. Dans ce morceau, nous nous trouvons en présence d'un Couturier et de son jeune employé, le nommé Esopet. Le pauvre Esopet se plaint de son métier de famine où, contre son gré bien entendu, il travaille uniquement pour l'amour de l'art :

Aussi suis-je votre alloué
Deux ans sans loyer
— Je crois bien,

(1) Statuts de 1680, p. 45, t. XVIII. « Il est défendu aux maîtres serruriers de suborner et tirer du service des autres maîtres, leurs compagnons ou apprentifs ; et lorsqu'ils en voudront engager, il leur constera suffisamment qu'ils sont libres, soit par des congés donnés par écrit ou autrement, à moins que lesdits compagnons ou apprentifs n'ayent raison suffisante au jugement de nous ou de nos commis, pourquoy ils dussent sortir de chès leurs maîtres : le tout à peine arbitraire, moitié envers la Cité, et l'autre au profit de celuy du service duquel aura été tiré le compagnon ou l'apprentif. »

(2) Hauser, *Ouvriers du temps passé*, p. 30-40.

Aussi, ne me sers tu de rien
Qu'à garder l'hostel, d'aventure
Si quérir vais de la couture
Quand mandé suis pour y aller.

Chiche en argent vis-à-vis de son apprenti, son maître l'est moins en coups de bâton : l'excellent homme n'a nul remords de le reconnaître :

Les apprentis maintenant sont
Maintenant plus fiers que les maîtres,
Et si j'empoigne un bâton rond,
Bien te ferai tirer tes guêtres....

Et il se lamente même, sur l'estomac insatiable de son apprenti :

J'ai tant besoin de gagner
Vu que le pain est enchéri
Puis que ce garçon je nourris :
Est tant friand et tant gourmand
Qu'il mangerait plus qu'un Allemand ;
En son habit ne peut tourner
Tant il est gras.
— C'est donc de jeûner.

lui répond avec beaucoup d'à-propos Esopet, car

... Je ne vis à la maison
Mettre pot-au-feu de semaine.
C'est bien pour avoir panse pleine !...

Et cet égoïste patron prive encore l'enfant de tout ce qui régulièrement devrait lui revenir : c'est ainsi qu'une jeune chambrière ayant apporté une perdrix au couturier, à qui elle recommande d'en donner sa part au « petit valet », celui-ci, prétextant qu'Esopet a l'estomac délicat, se tient à part lui ce langage :

Esopet ja n'en mangera...
Repaisse du pain et de l'eau
S'il veut ; ceci me demourra.

Et il savoure à lui seul ce morceau délicat !

Peut-être les traits sont-ils poussés au vif dans cette farce qui peut très bien n'être qu'une caricature et non une peinture. Dans tous les cas, l'auteur en l'écrivant dut s'appuyer sur certains faits matériels, se baser sur certaines constatations ou observations personnelles; et cela nous suffit pour déclarer que les rapports entre maitres et apprentis ne devaient pas toujours être précisément enchanteurs !

CHAPITRE II

L'OUVRIER.

Conditions pour être ouvrier. — Rapports entre l'ouvrier et le patron. — Le salaire de l'ouvrier. — Observation du dimanche. — Chômage. — Jours de fête.

Une fois son apprentissage terminé, l'apprenti pouvait s'établir à son compte et faire à son tour des élèves. Toutefois, bien peu s'improvisaient patrons aussitôt et, pour obéir aux exigences nouvelles, travaillaient encore pendant quelque temps en qualité d'ouvriers, avant de se présenter à l'épreuve du chef-d'œuvre. C'était une façon d'achever de se perfectionner, c'était aussi la seule alternative possible pour ceux qui ne réunissaient pas immédiatement les fonds suffisants, pour pouvoir payer tous les droits et tous les frais qu'entrainait la réception à la maîtrise ; c'était enfin une situation pour ceux qui, moins ambitieux ou moins capables, se contentaient parfaitement du sort de l'ouvrier.

Le nom générique de tous ces travailleurs était celui « d'ouvriers » : on les appelait aussi « valets » ou « varlets », une réminiscence de la féodalité, enfin on leur donnait le nom de « compagnons. »

La mise en chantier de l'ouvrier était précédée de quelques formalités : il fallait tout d'abord qu'il prouve avoir fait le nombre d'années d'apprentissage prévu par les statuts. Ceux qui n'avaient pas accompli ce temps de stage à Besançon, et venaient pour se fixer dans la Cité, devaient aussi fournir des certificats attestant qu'ils s'étaient également acquittés de cette obligation; on exigeait en sus que le nouvel ouvrier fût libre de tout engagement.

Ce n'est que lorsque le valet satisfaisait à ces différentes conditions, qu'un contrat pouvait intervenir entre lui et un patron. Ce contrat avait lieu verbalement, et le nombre d'employés que pouvait prendre le maître n'était pas limité.

Les statuts défendaient aux ouvriers de mettre leur savoir-faire au service de personnes étrangères au métier, qui auraient pu les utiliser dans un but commercial (1). Et, en effet, que serait devenu, sans cette prescription, le monopole du fabricant, si le premier venu avait pu, à l'aide d'ouvriers, entreprendre une industrie pour laquelle il n'était pas qualifié; n'aurait-il pas constitué aussitôt un concurrent redoutable qui, louant des bras expérimentés, serait arrivé à supplanter peut-être les patrons bisontins, en tous cas leur eût rendu moins facile le recrutement de leurs employés, aurait fait monter les salaires et, n'étant soumis à aucun des droits que devaient payer ceux-ci lorsqu'ils achetaient le métier, aurait pu fabriquer à meilleur marché, et leur aurait pris ainsi leurs clients, qui, naturellement, seraient allés au moins cher!

Mais, bien entendu, il était admis que les patrons pouvaient emmener ou envoyer leurs ouvriers chez leurs clients, et ces derniers avaient même le droit de les faire venir à leur domicile, sans l'assentiment préalable de leurs maîtres. Nous voyons même, par les statuts des couturiers, que tout citoyen de Besançon pouvait faire travailler chez lui l'ouvrier qu'il voulait, fût-il même étranger, pour réparer ses vêtements ou en confectionner d'autres, mais c'était à ses risques et périls, car si cet ouvrier lui livrait des habits mal faits, ou commettait à ses dépens quelque larcin ou délit, il n'avait aucune réclamation à formuler, et les Gouverneurs ne venaient pas lui prêter leur concours (2), pour lui faire obtenir une réparation quelconque.

Quoi qu'il en soit, les ouvriers travaillaient généralement

(1) Police N. II., p. 122.
(2) Police N. II., p. 80.

chez leur patron; on les louait soit à l'année, soit au mois ou à la semaine, voire même à la journée; on les employait aussi à la pièce ou à la tâche (1).

Il serait difficile de dire lequel de ces deux derniers modes de travail était le plus commun, mais ce que l'on peut remarquer, c'est que le travail à la tâche était interdit dans plusieurs corporations: ainsi, chez les toitots qui le défendaient sous peine d'une amende de 60 sous « pource qu'avons heu, disent-ils, tant de plaintif desdits ouvrages qui sont esté faicts en tasche, se treuvant tousjours tout pleins de gouttières (2) », et n'autorisaient que le travail à la journée; enfin, chez les vignerons, parce que, disent les statuts, « lesdits vignerons vieulx, « jeunes et enffans prenoient tant et de si grosses et importa- « bles peines en faisant les vignes en tasche, que se ruynoient les « corps, tellement qu'ils en demeuroient faibles à jamais et en « bien moindre durée », et parce qu'aussi, par âpreté au gain, ils avaient des velléités de bâcler leur besogne, et se rendaient coupables des négligences les plus regrettables, dans les soins généraux qu'ils devaient donner aux vignes. Aussi, dans ces corporations, punissait-on ceux qui travaillaient à la tâche d'une amende de 60 sous à 8 florins (3).

Les rapports entre maître et valet devaient être assez bons: on en peut tout d'abord voir un motif dans ce fait que, bien souvent, le patron prenait comme ouvrier le petit apprenti devenu grand, et autorisé après son stage, à s'établir où bon lui semblait; or, si celui-ci, alors qu'il était devenu ouvrier et homme indépendant, consentait à rester au service de ce maître, chez lequel il avait dû travailler forcément pendant toute la période de son apprentissage, c'est que sans doute, il se plaisait chez lui, l'aimait, l'estimait, et ne pouvait espérer être mieux ailleurs. De son côté, connaissant parfaitement son apprenti, le patron savait qui il engageait comme ouvrier: c'est lui, du reste, qui l'avait instruit, qui lui avait dévoilé les secrets de la fabrication, et en avait fait un artisan à son image et à sa méthode, et, par ce moyen, il évitait d'in-

(1) Police N. H., p. 125.
(2) Police N. H., p. 133.
(3) Police N. H., p. 137.

troduire un étranger dans sa famille, car celui qui avait déjà passé de nombreuses années à son logis et à sa table, était tout autre chose qu'un ouvrier inconnu avec lequel il n'aurait pu avoir que des rapports assez froids, en tous cas dénués de toute intimité.

Il y avait du reste toute chance, pour que ces hommes vivant dans une même confraternité, avec des intérêts conformes et souvent identiques, eussent les mêmes idées, les mêmes sentiments, la même façon de voir et par suite se traitent d'égaux à égaux. Voulait-on, par exemple, modifier quelques-uns des statuts en usage ? Dès lors, l'ouvrier devenait plus que le collaborateur, mais bien l'égal de son maître, car ce n'était qu'à la suite d'une réunion entre patrons et ouvriers, où chacun discutait librement, que l'on élaborait en commun la rédaction de la requête que l'on soumettait ensuite au bon vouloir des Gouverneurs. C'est ainsi que nous voyons toute la communauté des tanneurs, corroyeurs et cordonniers, s'adresser à l'administration de la ville pour obtenir que ces métiers ne fussent plus séparés, et qu'ils puissent être exercés l'un et l'autre à la fois (1). C'est enfin ainsi que toutes les années, à la Saint-Martin d'hiver, lorsqu'il s'agissait de fixer le prix courant des vins, les Gouverneurs ne prenaient une décision qu'après avoir consulté une assemblée de 45 à 60 vignerons pris parmi ceux de la Cité (2).

Que sait-on sur les salaires à Besançon, aux XVIe et XVIIe siècles ? Ici, les statuts ne nous donnent que des renseignements très rares et très vagues. Nous voyons, dans les règlements, que les ouvriers du bâtiment touchaient 5 blancs par jour, depuis la Chandeleur jusqu'à la Saint-Michel, 4 blancs, depuis la Saint-Michel jusqu'à la Saint-Martin, enfin 10 engrongues, depuis la Saint-Martin jusqu'à la Chandeleur. Le salaire quotidien, autant que nous en pouvons juger, n'était donc pas immuable : il variait selon la saison et selon l'époque, selon les temps de presse et aussi selon la saison morte, et cette dernière, appelée le « Mort », allait, chez les charpentiers, depuis la Saint-Michel jusqu'à la Chandeleur.

(1) Police N. II., p. 71-72.
(2) Police N. II., p. 55.

Les salaires étaient plus élevés pour les ouvriers astreints à se servir d'un plus grand nombre d'outils, ce qui constituait pour eux une juste compensation des dépenses que leur occasionnait leur achat, et aussi de celles qu'entraînaient encore leur entretien et leur remplacement.

Dans la fixation du salaire, l'on considérait également si le métier était pénible et fatigant, et surtout s'il était d'un exercice dangereux. C'est dans cet ordre d'idées, que nous voyons les vignerons ne toucher que 4 ou 5 blancs, et même à certaines époques, 10 engrongues seulement, parce qu' « ils n'ont pas grands utils que le picq, pignasse, trenche, fesoul, goy et serpes, et qu'ils ne sont en aulcung danger de leur corps (1) ». Par contre, nous voyons que le salaire des maçons était de beaucoup supérieur, parce que dans ce métier « il convient d'avoir plusieurs utils, ce qu'il ne se peult faire sans grands frais, oultre que leur métier est subject à mille dangiers, voyres de mort », et s'élevait dans la bonne saison, c'est-à-dire depuis la Chandeleur jusqu'à la Saint-Michel, à 6 blancs (2) ; c'était également le salaire des chappuys, des paveurs, des débrousseurs et menuisiers. Quant aux tonneliers, ils ne touchaient que 5 blancs.

Naturellement, ces prix n'étaient pas fixés d'une façon invariable, et les statuts des toitots portent qu'ils pouvaient augmenter ou diminuer, en considération des capacités des valets « ainsi qu'ils seront (3) », comme nous le disent les textes.

Lorsque les valets étaient nourris chez les personnes pour lesquelles ils travaillaient, leur salaire était naturellement moindre, et se réduisait des deux tiers : ils avaient droit alors à trois repas : le premier à huit heures du matin, le second à midi, le troisième lorsque le travail était terminé, c'est-à-dire à cinq ou sept heures du soir, suivant la saison. Il était défendu, aux ouvriers, de demander davantage, et, à ceux qui les employaient, de leur donner des gages plus élevés que ceux prévus par les règlements, à peine d'une amende de dix sous pour

(1) Police N. H., p. 138.
(2) Police N. H., p. 126.
(3) Police N. H., p. 133.

les valets, et de quatre sous pour les patrons (1). Quant aux propriétaires de vignes, il leur était défendu de nourrir les vignerons qu'ils employaient : l'on avait en effet remarqué que certains d'entre eux, plus riches que les autres, « tenant de bien bonnes rentes et revenus », donnaient plus que le taux convenu, afin d'avoir toujours leurs vignes faites les premières, et ajoutaient même au salaire convenu différentes choses « comme pain, vin, pilance, etc... » ; aussi dût-on leur défendre de rien donner d'autre à leurs vignerons que le prix de leur journée de travail, à moins qu'une soupe, cadeau de peu de valeur, que chacun pouvait offrir, sans qu'il lui en coutât grand'chose (2).

Ce salaire était-il suffisant, assurait-il le bonheur et le bien-être à l'artisan bisontin des XVIe et XVIIe siècles, et faisait-il de ce salarié un ouvrier plus heureux que celui de nos jours ? Ce sont là des questions aussi périlleuses qu'insolubles peut-être, et, à mon sens, ce qui, dans cet ordre d'idées, serait plus intéressant à rechercher, c'est le rapport dans lequel les ouvriers de cette époque se trouvaient avec les besoins de la production, de savoir, en un mot, comment à ce moment se posait, à Besançon, la question de l'offre et de la demande, car il nous semble que déjà au XVIe siècle, la crise ouvrière existe. Les apprentis certes sont peu nombreux par chaque maître, mais ils ne sont pas seuls à s'établir ouvriers à Besançon ; il venait aussi dans cette ville bien des étrangers qui, dans leurs pérégrinations, dans leur tour de France, passant par la vieille ville impériale, s'y arrêtaient, et bien souvent s'y installaient ; enfin, il ne faut pas oublier que les femmes pouvaient travailler à la plupart des métiers, et que le nombre de ces ouvrières augmentait chaque jour.

A cette époque déjà, il n'y avait pas pénurie de travailleurs, bien au contraire, et on a dès ce moment l'impression d'une concurrence terrible qui nous amène à reconnaître que, dès le XVIe siècle, ce ne sont pas les bras qui manquent à Besançon, mais le travail, et que les patrons commencent à faire la loi des marchés. Et ce qui nous le prouve, ce sont les pres-

(1) Police N. II., p. 126.
(2) Police N. II., p. 138.

criptions des statuts qui, pour remédier à ce mouvement menaçant, sont obligés de fixer les salaires minima à donner aux ouvriers, et punissent d'amendes sévères les patrons qui enfreignent ces prescriptions !

Mais cette question est trop délicate pour que nous y pénétrions plus avant. L'effleurer a été bien suffisant. Aussi, demandons-nous plutôt maintenant si la vie de l'ouvrier bisontin au XVIe siècle n'était pas trop pénible, et voyons quelles étaient les heures de travail que fournissaient les salariés de cette époque.

Relativement à la journée de travail, l'année se divisait en deux saisons : la saison d'été et la saison d'hiver, c'est-à-dire la saison des jours longs, et la saison des jours courts. La première commençait à Pâques et allait jusqu'à la Saint-Michel ; la seconde partait de la Saint-Michel pour finir à Pâques ; et, si nous en croyons les statuts des meuniers(1), le travail pendant la première période commençait à six heures du matin et se terminait à sept heures du soir, et pendant la seconde, de sept heures du matin à cinq heures du soir ; naturellement, ces heures pouvaient comporter de légères variations suivant la plus ou moins longue durée du jour, et le travail plus ou moins pressé (2). Dans tous les cas, cela donnait une moyenne de treize heures de travail en été, et de dix heures en hiver.

L'Église, qui avait mis la haute main sur les Corporations (l'archevêque, du reste, exerçait son droit de juridiction sur plusieurs d'entre elles), faisait observer aux ouvriers certaines fériations, et leur imposait l'obéissance aux règlements ecclésiastiques. De gré ou de force, l'ouvrier se reposait les dimanches et jours de fêtes, et Dieu sait si ces fêtes étaient nombreuses ! C'étaient le jour de l'An, la Fête-Dieu, le Vendredi-Saint, les Lundi et Mardi de Pâques, la Pentecôte, l'Épiphanie, l'Ascension, l'Eucharistie, la Toussaint, les cinq Fêtes de la

(1) Police N. II., p. 48.

(2) Les chiffres que nous avons donnés pour les meuniers, peuvent être tout aussi bien considérés comme les heures d'ouverture et de fermeture des moulins, que comme la délimitation des heures de travail. Le travail était à cette époque un travail familial, effectué dans de petits ateliers ou en chambre, et la journée de l'ouvrier ne devait comporter aucune précision semblable.

Vierge, la Saint-Philippe, la Saint-Jacques, la Saint-Jean-Porte-Latine, la Saint-Pierre, la Saint-Paul, la Saint-Mathieu, la Sainte-Madeleine, la Passion des saints Ferréol et Ferjeux, la Saint-Étienne d'Août, enfin l'Exaltation de la Sainte Croix (1). Tous ces jours-là, excepté toutefois pour les crieurs, c'était repos général, et tout travail devait aussitôt cesser, dès que le second coup de la grand'messe avait sonné : plus aucun cri ne devait retentir devant les églises où se célébraient les divins offices ; tout commerce, toute industrie devait s'arrêter, et le calme absolu régnait dans toute la Cité.

Et ce n'est pas tout. A ces fêtes il faut ajouter la fête du patron de la Corporation, du maître et de sa femme, de l'ouvrier et des siens ; les mariages, les enterrements, les communions où assistaient tous les membres de la Confrérie ; enfin, les légères indispositions qui pouvaient très bien survenir à l'ouvrier pendant le cours de l'année. Aussi, pour toutes ces causes, une grande partie de l'année était perdue pour le travail. Et en effet, nous avons :

Dimanches..........	52
Fêtes fixes	24
Fêtes patronales.......	6
Divers	15
TOTAL	97

soit 97 jours pendant lesquels le travail était interrompu, c'est-à-dire pendant plus du quart de l'année (2). Et souvent l'ouvrier ne profitait qu'à son corps défendant de ces congés forcés qui diminuaient d'autant son salaire, et plus d'un, en maugréant, se répétait déjà en lui-même la phrase célèbre du savetier de La Fontaine :

> On nous ruine en fêtes...........
> ....Et Monsieur le Curé
> De quelque nouveau saint, charge toujours son prône.

(1) Reg. mun., 9 août 1452.
(2) Ou, en d'autres termes, un jour de repos sur quatre.

CHAPITRE III

LE MAITRE

Les conditions pour arriver à la maitrise; l'examen théorique; le chef-d'œuvre; le serment; les droits à payer. — Les fils et les veuves des maitres. — Situation générale du maitre.

Les conditions exigées pour parvenir à la maitrise étaient de différentes sortes. Les unes étaient destinées à constater les capacités du candidat; les autres sa solvabilité. Les premières consistaient : 1° en un examen qui portait sur la partie théorique du métier; 2° en un chef-d'œuvre qui permettait de contrôler l'habileté pratique de l'ouvrier; enfin 3° en une caution, exigée seulement dans certains métiers. Quant aux secondes, elles se résumaient : 1° en l'obligation de payer un droit au Trésorier de la Cité, reste évident de l'ancien servage industriel; 2° en un droit d'entrée payé à la corporation, consistant en argent ou en une collation (bienvenue, diner, souppe en vin).

Toutes ces obligations remplies, le récipiendaire n'avait plus qu'à prêter serment en présence des Gouverneurs, et dès lors la maitrise lui était acquise.

Nous allons étudier successivement ces différentes conditions.

Il ne suffisait pas que le prétendant justifie de sa qualité de fils de citoyen, ou qu'il établisse qu'il était citoyen depuis dix années, qu'il savait lire et écrire, et avait fait son apprentissage pendant le temps voulu, soit à Besançon même, soit dans d'autres villes, chez un maître de la profession qu'il voulait exercer (1); il avait en outre à présenter une requête (2) aux gardes du métier, et à subir un examen qui garantissait ses capacités professionnelles; cet examen lui était passé par les gardes, qui souvent se faisaient assister par quelques maîtres anciens et notables de la ville, dans tous les cas, fournissaient comme examinateurs toutes les garanties désirables, attendu que ces hommes étaient élus par la communauté elle-même, et étaient recrutés parmi les patrons les plus adroits et les plus expérimentés (3).

Les points sur lesquels portait cet examen étaient fixés à l'avance par les statuts (4). Ainsi, les orfèvres et argentiers étaient interrogés sur les différences existant entre les divers métaux et sur les ouvrages que l'on pouvait confectionner avec chacun d'eux: « bien plus, ajoutent les règlements, les jurés leur en feront faire l'essay devant eux par la coupelle ou l'échaupe pour l'argent, et par les touchaux ou coupelle pour l'or, sans laquelle connoissance aucun ne peut être reçu maître. » De même, les candidats apothicaires, à trois reprises différentes, dans l'espace de trois mois, passaient un examen en présence des Commis des Gouverneurs de leur Bannière, et de deux docteurs en médecine (5).

L'examen que subissaient les chirurgiens était encore plus long et plus sérieux. Tout d'abord, avant de pouvoir être admis à le passer, l'aspirant était tenu de travailler à ses frais, quinze jours durant, en la boutique de chacun des deux maîtres jurés; ceux-ci lui faisaient alors voir leurs malades, l'interrogeaient sur leur état et les affections dont ils souffraient, lui faisaient faire les appareils qui leur étaient utiles, s'assurant ainsi de ses capacités et de son savoir. Ce stage terminé, et après avoir décidé si le candidat était apte à être

(1) Statuts de 1689, p. 50, t. II.
(2) Statuts de 1689, p. 31, t. II.
(3) Statuts de 1689, p. 24, t. II.
(4) Statuts de 1689, p. 50, t. IV.
(5) Statuts de 1689, p. 114-115, t. III.

admis à passer l'examen, les jurés adressaient sur lui un rapport écrit aux maitres du métier, et fixaient le jour de cette épreuve. Comme cette dernière était assez longue, l'aspirant pouvait choisir parmi les maitres un directeur, chez lequel il continuait à s'instruire pendant tout le temps que celle-ci durait; ce directeur, naturellement, ne pouvait pas figurer au nombre de ses examinateurs, et donner son suffrage pour son admission au métier.

L'examen comprenait quatre parties et avait lieu en public, portes ouvertes, en présence des jurés, des maitres de la communauté, enfin d'un médecin.

La première partie se passait au logis du plus ancien juré, où le candidat était interrogé par chacun des maitres du métier, et par rang d'ancienneté, sur les « fondements, principes et généralités de la chirurgie. »

Si ses réponses étaient satisfaisantes, autre jour était fixé pour le second examen. Celui-ci se passait chez le second des maitres jurés, et portait sur « l'anatomie, connaissance du corps humain tant en particulier qu'en général »; en outre, le candidat avait à faire « une dissection et démonstration des parties d'iceluy. »

Si le candidat sortait encore vainqueur de cette seconde épreuve, nouveau jour était alors fixé pour la troisième partie, qui avait trait aux différentes opérations chirurgicales; de plus, on lui faisait « faire phlébotomies (1) sur les veines, comme aussi toutes autres opérations et bandages qu'il plaira auxdits maitres. »

Le quatrième examen portait sur « toute la matière de la chirurgie, sur la connaissance des maladies en dépendantes,

(1) Les saignées étaient regardées, à cette époque, comme une nécessité hygiénique à laquelle personne ne devait se soustraire, et l'on se faisait saigner à propos de rien, et à propos de tout. Le chirurgien A. de Corbye écrit en 1500 : « Maintenant, nous saignons des enfants à trois et avant trois ans, voire réitérer la saignée avec heureuse issue; et les hommes de quatre-vingts ans la portent fort bien. » En 1600, le médecin Le Moyne avoue — il se vante sans doute — qu'il a en quinze mois tiré 1,200 palettes de sang à une jeune fille. La palette représentait 3 onces au moins. Le Moyne enleva donc 225 livres de sang à sa cliente qui, d'après la théorie alors admise, aurait renouvelé entièrement son sang plus de neuf fois en quinze mois. Louis XIII, que son médecin Bouvard fit saigner 47 fois en un an, n'avait donc pas le droit de se plaindre!

Franklin, *Dictionnaire*, p. 509, article « Phlébotomistes ».

différentes causes, symptômes, signes, pronostiques et curation d'icelles. »

Les examinateurs ne pouvaient interroger que sur le seul programme de la chirurgie, et, pour qu'ils ne fussent pas tentés de poser des questions étrangères audit programme, les maîtres jurés leur remettaient certains ouvrages, où chacun d'eux devait prendre les questions sur lesquelles le candidat aurait à répondre.

Ces quatre examens subis (1), le candidat se retirait de la salle : les maîtres alors, sous la présidence de leur doyen, délibéraient à voix basse, et décidaient de son admission au sein de la corporation, ou bien de son ajournement.

Tel était, en général, le caractère de l'examen théorique que l'on faisait passer aux candidats à la maîtrise et qui suffisait dans certaines corporations, pour leur permettre de s'établir. C'était notamment, le cas des bouchers, qui n'avaient à subir qu'une seule épreuve, que leur faisaient passer les maîtres de leur métier qui les interrogeaient sur toutes les pratiques de leur art, afin de se rendre compte « s'ils sont suffisants et s'ils scaivent tuer et apprêter la chair bien et honestement, comme il appartient à une telle Cité »; et, ajoutent les statuts, « s'ils sont treuvés bons et suffisants, ils seront passés maîtres (2). » C'était aussi le cas des drapiers et teinturiers qui, au moment d'ouvrir boutique, étaient simplement tenus de se présenter au préalable devant l'assemblée des maîtres de leur métier « pour par iceulx voir, connoistre et entendre s'ils sont idoines et suffisants pour estre maistres dudit mestier (3). » C'était enfin le cas des tisserands, des couturiers et pourpointiers, et des chaussetiers (4).

A côté de ces connaissances théoriques, l'on exigeait aussi des candidats à la maîtrise des connaissances pratiques tout aussi sérieuses, qui se traduisaient pour eux en la confection d'un chef-d'œuvre, où ils avaient à apporter tout leur art et tout leur talent. La nature de cet ouvrage était déterminée, soit par les statuts, soit par les maîtres du métier, qui arrêtaient pour

(1) Statuts de 1689, p. 125, t. III-XII.
(2) Police N. II., p. 66.
(3) Police N. II., p. 78.
(4) Police N. II., p. 79, 80, 83.

chaque candidat un programme de travail, et fixaient le temps qui lui était accordé pour achever sa tâche. L'on choisissait généralement, comme sujet de chef-d'œuvre, un ouvrage simple, d'une confection fréquente, que le récipiendaire serait plus tard appelé à faire journellement dans l'exercice de sa profession.

Cette habitude variera bientôt par suite de la préoccupation, toujours de plus en plus constante, de restreindre la concurrence en multipliant les obstacles devant les aspirants, auxquels l'on verra proposer des chefs-d'œuvre d'une exécution non seulement très difficile, mais encore parfois bizarre et étrange, leur demandant de longs mois de travail inutile.

Néanmoins, à l'époque où nous nous plaçons, les chefs-d'œuvre étaient encore d'un travail facile : celui par exemple des maçons consistait en la construction d'une cheminée, d'une porte carrée ou ronde, dans le tracé du front d'une maison, d'escaliers ou de fenêtres d'église (1) ; pour les chapeliers, il comprenait la confection de deux chapeaux, l'un de poil nommé « grossier », et l'autre sans poil (2); pour les cordonniers, d'une paire de souliers ou de bottes; pour les serruriers, d'une serrure de gros calibre, qui demandait quinze jours de travail (3).

Ces chefs-d'œuvre étaient exécutés sous la surveillance des jurés, et en leur domicile ; c'étaient eux du reste qui, après avoir pris l'avis des maîtres du métier, se prononçaient sur la valeur du travail, faisaient admettre le candidat à la maîtrise en le présentant à l'agrément des Gouverneurs, ou le forçaient à redevenir compagnon pendant une ou plusieurs années.

Tout cela constituait certainement de sérieuses garanties en faveur de la valeur professionnelle du nouveau maître, mais malheureusement, ces sentences sans appel des maîtres et des jurés, rendues par des juges dont l'impartialité était souvent fort suspecte, livraient les aspirants à l'égoïsme des patrons, toujours intéressés à ne pas augmenter le nombre de leurs

(1) Statuts de 1680, p. 80, t. IV.
(2) Statuts de 1680, p. 79, t. II.
(3) Police N. H., p. 117.

concurrents, et à assurer l'avenir de leurs enfants, aux dépens des candidats nés dans la classe ouvrière (1).

Une dernière formalité exigée des candidats à la maitrise, était celle du serment : ils prêtaient ce serment à l'Hôtel Consistorial sur les reliques des Saints ou sur l'Evangile, en présence des Gouverneurs, et après avoir entendu la lecture des statuts : leurs engagements portaient en effet sur la stricte observation de ceux-ci, et ils devaient jurer, non seulement d'avoir pour eux le plus grand respect, mais encore, de signaler aussitôt les infractions qu'ils verraient se commettre à leur encontre (2) ; pour leur rappeler leurs obligations, copie des règlements leur était délivrée, la plupart du temps, aux frais de la Cité (3).

Ce serment, dans certaines corporations, se compliquait encore d'autres engagements : c'est ainsi que chez les Meuniers, le récipiendaire jurait non seulement de « garder et observer bien et loyalement et de point en point à la vraye règle toutes les ordonnances sans fraulde ou barat », mais encore, devait s'engager à rendre au Trésorier, une fois le terme pour lequel il avait loué son moulin échu, « les biens estans en iceluy, à lui baillés par inventaire..... selon la forme de sa ferme et retenue » (4). De même, les Mesureurs, avant d'entrer en fonctions, juraient de mesurer « convenablement et raisonnablement » les grains qu'on leur confiait, en prélevant exactement le droit d'éminage, de mettre dans une boite spéciale, à ce destinée, tout l'argent qu'ils recevaient pour leur peine, enfin, de dénoncer tous ceux qu'ils surprendraient contrevenant à ces dits règlements (5). Un serment analogue était prêté également par les « bonnes femmes », données comme auxiliaires aux Mesureurs, pour les assister dans leur travail. La punition, en cas de désobéissance à ces règlements consistait en une amende arbitraire, et à la troisième récidive, en la destitution du métier.

Les examens passés, le serment prêté, restait encore au

(1) Cf. Franklin. *Dictionnaire*, p. 168, au mot Chef-d'œuvre.
(2) Police N. II., p. 79.
(3) Police N. II., p. 85.
(4) Police N. II., p. 19.
(5) Police N. II., p. 15. « Et avec..... jureront..... notiffier tous ceulx qu'ils sauront et trouveront mésusans. »

candidat à la maîtrise à payer son « patos » qui était ordinairement de 4 à 8 florins, et qui revenait à la Cité. De plus, il remettait une somme égale aux jurés qui lui avaient fait passer son examen ou son chef-d'œuvre, pour les dédommager du dérangement qu'il leur avait causé. Ainsi, chez les Cordonniers, le récipiendaire payait une somme de 8 livres aux jurés qui, à quatre reprises différentes, avaient eu à lui consacrer leur temps : tout d'abord, en lui indiquant le chef-d'œuvre qu'il avait eu à accomplir ; ensuite, en le surveillant pendant l'exécution de celui-ci; en troisième lieu, en examinant son travail ; enfin, en le proposant à l'agrément des gouverneurs (1).

Ajoutons que chaque nouveau maître devait encore payer une certaine somme, soit pour le « paquet des maîtres » (2), soit pour la boîte de la Confrérie ; enfin, il devait fêter sa bienvenue, opération qui consistait à rafraîchir les amis, ou à leur offrir à dîner, pratique fort appréciée déjà à cette époque (3).

Bien plus, certains corps de métiers avaient à payer un droit annuel : c'est ainsi que les Boulangers devaient donner tous les ans un florin, pour droit d'étalage, « pour la fenestre », comme disent les statuts, un autre, pour pouvoir se livrer à la vente du pain blanc, un troisième, pour le pain bis (4). De même, les Poissonniers d'eau douce devaient verser chaque année une somme de 6 gros à l'amodiateur de leur métier, jusqu'au moment où, ayant renoncé à la vente du poisson, ils allaient trouver le Secrétaire de la Cité pour le prier de leur donner acte de leur renonciation. Si naturellement on les surprenait après, vendant encore du poisson, on leur infligeait tout d'abord une amende de 60 sous, puis on les contraignait à verser la somme annuelle qu'ils n'avaient pas payée, et ce droit recommençait à courir contre eux, pour toute

(1) Statuts de 1689, p. 89, t. II.

(2) Police N. II., p. 66, p. 72.

(3) Police N. II., p. 119. «.... Si.... sont trouvés bons pour estre passés maistres, nous les ferons et constituerons tels... parmy payant toutes fois à notre thrésorier 60 solx pour le patos et 16 solx aux maistres pour boire à cause de sa bienvenue. »

(4) Police N. II., p. 52.

l'année suivante, à dater du lendemain de leur condamnation (1).

Dans certaines corporations enfin, comme celle des Orfèvres et Argentiers, nous voyons les nouveaux maitres obligés de verser au Trésorier de la Cité une « bonne et suffisante caution » qui pouvait monter jusqu'à 10 marcs d'argent, et qui servait à garantir la bonne qualité de leurs ouvrages, et qui répondait des fautes qu'ils pouvaient commettre dans l'exercice de leur profession (2).

Tous ceux qui aspiraient à la maitrise étaient-ils soumis aux mêmes examens et aux mêmes droits à payer? Nullement; et nous voyons ici la scène changer, dès qu'il s'agit de conférer cette dignité au fils d'un patron, candidat privilégié, pour lequel les obstacles disparaissaient comme par enchantement, comme si cet heureux mortel était né avec plus de talents et de lumière que les autres, et comme si le fait d'être fils de maitre lui donnait plus d'aptitudes et de connaissances! Pour lui, le chef-d'œuvre était remplacé par une épreuve beaucoup plus facile qui se nommait « suffisance », épreuve que certains statuts prétendent « équivalente à chef-d'œuvre » (3), mais il faut bien se rendre compte que cette « suffisance » devait être peu de chose, étant donné qu'elle leur était fixée par les jurés, et que ceux-ci, collègues et amis de leurs pères, étaient à leur égard des juges plus que partiaux. Cet examen se passait aussi dans la maison d'un des jurés, où le candidat devait travailler seul et sans aide.

Une seule corporation faisait exception à cette loi commune du favoritisme vis-à-vis des fils de maitres : c'était celle des Selliers et Bourreliers qui imposait à ces candidats le même chef-d'œuvre qu'aux autres aspirants, afin, disent les statuts, « que tousjours lad Cité ayt plus d'honneur et soit fournie de bons et suffisants maistres » (4).

Comme dernière faveur, les fils de maitres payaient des

(1) Police N. II., p. 61.

(2) Statuts de 1689, p. 65, t. XXVI. « Tous orfèvres et argentiers reçus maitres donneront au Thrésorier de la Cité bonne et suffisante caution, jusques à la valeur de 10 marcs d'argent, pour la seureté des ouvrages qu'ils vendront, ou fautes qu'ils feront en leur profession. »

(3) Statuts de 1689, p. 25, t. V, p. 50, t. VI, p. 75, t. V.

(4) Police N. II., p. 112.

droits d'entrée bien moins élevés que les autres ; ainsi, pour n'en citer qu'un exemple, les Tisserands, fils de maitres, au lieu de payer 4 florins pour leur admission à la maitrise, n'avaient à payer que le droit de la « souppe en vin », qui était évalué à la somme de 10 sous (1). De même, ils ne payaient aux jurés et à la boite de la Confrérie, que la moitié des sommes que devaient verser les autres.

Les veuves des maitres étaient aussi traitées avec une bienveillance toute particulière. Presque toujours, lorsqu'elles le demandaient, elles étaient autorisées à conserver la maison de leur mari, et, continuant le commerce du défunt, n'avaient à payer aucun droit, comme le faisaient régulièrement tous ceux qui entreprenaient quelque nouvelle industrie. Une seule condition était exigée d'elles : c'est qu'elles aient, pour les assister, un ou plusieurs compagnons capables de faire marcher les affaires, et reconnus aptes pour cela, soit par un examen que leur faisaient passer les jurés, soit par l'épreuve du chef-d'œuvre. Naturellement, si la veuve se remariait avec un homme étranger au métier, elle perdait tous ces droits que son veuvage lui avait conférés, et cessait d'appartenir à la corporation. Maintenant, si elle épousait un de ses serviteurs ou quelque artisan du métier de son mari défunt, elle ne pouvait conserver ses droits que si son nouvel époux acquérait la qualité de maitre, dans la forme habituellement prescrite par les statuts : l'on ne voulait pas en effet, qu'un étranger participât à l'exploitation et aux bénéfices, sous le couvert de sa femme, en profitant d'une immunité toute personnelle à celle-ci (2).

Nous ferons remarquer une particularité caractérisque contenue dans les statuts des bouchers. Dans cette corporation, les veuves de maitres ayant des enfants mâles, même en bas âge, pouvaient continuer à jouir des bancs de leur mari et à les amodier ; elles pouvaient aussi continuer à faire tuer, à condition d'être assistées de garçons capables, ayant satisfait à un examen analogue au chef-d'œuvre, et cela, jusqu'à ce que

(1) Police N. H., p. 69. « Et s'ils sont passés maistres, ils payeront pour leurs palos 4 florins monoye pour une fois appliquable à ladite Cité, réservés les fils des maistres qui ne payeront que la souppe en vin tauxée 10 solx. »
(2) Police N. H., p. 95.

leurs enfants soient en état de travailler et de diriger à leur tour l'exploitation ; mais si, leurs 15 ans révolus, ceux-ci ne voulaient pas continuer la profession paternelle, les bancs qu'on avait réservés à leur intention devaient dès lors revenir de plein droit à la Cité (1).

Restent quelques mots à dire sur la situation générale du nouveau maître. Aussitôt établi, celui-ci participait à l'administration du métier, et devenait à son tour l'examinateur des aspirants à la maitrise. Il prenait part chaque année, en tant que citoyen, à la nomination des 28 notables, les électeurs des Gouverneurs, enfin, en tant que maître du métier, au renouvellement des jurés, charge à laquelle il pouvait désormais prétendre lui aussi ; ces délégués du reste, dans les cas difficiles, l'appelaient pour avoir son appréciation sur certaines fraudes ou contraventions délicates. Chef suprême dans son atelier, où il avait l'autorité la plus absolue sur ses valets et apprentis, le patron était pourtant soumis à la surveillance de ces derniers, qui pouvaient le dénoncer aux jurés et aux autorités constituées, lorsqu'il enfreignait dans son travail les différentes prescriptions réglementaires (2). Quant aux rapports des maîtres entre eux, ils semblent empreints de la confraternité la plus parfaite ; peut-être cherchait-on parfois à se prendre mutuellement des apprentis et des valets (3), voire même des clients (4), mais les jurés étaient là qui faisaient bonne garde et châtiaient les coupables ; dans tous les cas, lorsqu'en un moment de presse, l'un d'entre eux ne pouvait

(1) Statuts de 1689, p. 143, t. VI. « Les veuves des maîtres bouchers ayans enfans mâles, même en bas âge, jouiront des bans de leurs maris, et les pourront amodier.... jusqu'à ce que leurs dits enfants soient en état de travailler ; et si lesdits enfants ne vouloient suivre la profession de leur père, lorsqu'ils seront à l'âge de 15 ans, lesdits bancs retourneront de plain droit à la Cité. »

(2) Police N. II., p. 122.

(3) Police N. II., p. 78.

(4) Police N. II., p. 74 : « Que nuls desd. tanneurs, courroyeurs ou cordonniers ne soit tel ne si hardy, de soustraire les marchands des uns des aultres, tacitement ou en appert au devant des marchants, pour achetter leurs cuyrs, ains les attendront devant leurs maisons ou ès marchiefs, et se donneront bien garde de soustraire les varlets ou apprentifs l'ung de l'aultre, sous la peine de 60 solz pour chascung cas et par chascune fois appliquable à nostre chose publique et aux intérêts de la partie, ainsi que par nous ils seront tauxés et évalués. »

plus satisfaire à de trop nombreuses commandes, il était sûr qu'en allant solliciter de l'aide chez le voisin, celui-ci se ferait un plaisir de mettre tous ses employés disponibles à son entière disposition (1).

(1) Police N. H., p. 111 : «... Par une nécessité et coytte de venue de grand maître, grande feste, nopces et aultres subtils affaires, seront tenus lesd. argentiers se secourir amiablement les ungs les aultres, affin que la Cité y ayt honneur, et que les estrangiers ayent tant plus de cueur de revenir en la Cité une aultre fois, et non estre divertys ailleurs, que seroit au désavantage des argentiers et artisans. »

CHAPITRE IV

LE TRAVAIL DES FEMMES

Comme le fait remarquer M. Hauser, dès qu'il s'agit de la Corporation ouvrière du temps passé, l'on s'imagine volontiers que la femme n'y jouait encore aucun rôle, et assez généralement l'on croit à priori que celle-ci, à cet âge heureux, se consacrait encore uniquement à ses devoirs d'épouse et de mère, que son emploi dans l'industrie est une invention des temps modernes, et que c'est la naissance du régime capitaliste et les progrès du machinisme qui l'ont fait malheureusement apparaître sur la scène industrielle (1). Or, l'histoire des Corporations de Besançon nous montre combien cette opinion, qui paraît séduisante au premier abord et nous ferait regretter — si elle était exacte — les siècles passés, est contraire à la réalité des choses, étant donné que la femme tient déjà, comme nous allons le démontrer, une place considérable dans l'industrie de notre ville, aux XVIe et XVIIe siècles.

Remarquons tout d'abord, en premier lieu, que le principe du travail des femmes était si bien ancré dans tous les esprits, que nous voyons les Gouverneurs et l'Archevêque de Besançon, confier à quatre femmes le service du contrôle de la per-

(1) Hauser. Ouvriers du temps passé, p. 151.

ception du droit d'éminage. Les Mesureurs, en effet, percevaient une certaine quantité de grains qui étaient apportés dans les greniers communs des Halles; or, c'était à ces quatre femmes que l'on donnait la surveillance de ce service : elles devaient voir si les Mesureurs prélevaient exactement ce droit d'éminage, et elles étaient tenues de signaler toutes les infractions dont elles pouvaient être témoins. On leur faisait même prêter serment avant leur entrée en fonctions sur les saints Evangiles, comme on faisait prêter serment à un maître qui commençait un métier, ou au juré qui recevait de la main des Gouverneurs l'investiture de ses pouvoirs (1).

Certains métiers devaient être uniquement exercés par des femmes : nous en avons un exemple par les statuts des Tripiers qui nous montrent que, seules, les femmes pouvaient exercer ce commerce. Celles-ci, avant de s'établir, devaient se présenter devant le Trésorier et le Contrôleur de la Cité, afin de se faire inscrire sur leurs registres, et louer le banc qui leur était nécessaire pour vendre. Chose extraordinaire, l'on n'exigeait d'elles aucunes capacités spéciales, et pourvu qu'elles ne fussent ni trop « vieilles » ni trop « sales », on leur permettait d'exercer (2).

Quant à la plupart des métiers, ils devaient être exercés conjointement par des hommes et par des femmes, et comprendre un personnel nombreux d'apprenties et d'ouvrières (3), à l'exception naturellement de ceux qui exigeaient un grand déploiement de forces, ayant trait par exemple à l'industrie des métaux et à la construction. Du reste, bien des métiers

(1) Police N. II., p. 45 : « Pour servir et porter féalement la graine que sera prinse par lesdicts mesureurs pour led. droit dud. éminage es greniers communs desd. Hales. seront députés quatre bonnes femmes qui ne seront parentes affinés ny familières desd. mesureurs, c'est assavoir : par M. l'Archevèque deux, deux par M. de Sainct Pol et une par nous lesd. Gouverneurs, lesquelles se tiendront près desd. mesureurs et prendront, par ce même moyen, bonne garde à ce qu'ils feront et qu'ils recepveront en leurs devantiers à ce propres.

... Et semblablement jureront lesd. femmes au sainct Evangile de Dieu de diligemment prendre garde auxd. mesureurs et de recepvoir et pourter féalement l'éminage et graines qu'elles auront receu es greniers communs, gardant le droit dud. éminage, et exercer féalement led. office en revellant et notifiant toutes les fautes et abus qu'elles verront ».

(2) Police N. II., p. 60 *bis*.

(3) Police N. II., p. 64 et 81.

constituaient, en quelque sorte, une spécialité pour les femmes comme par exemple tous ceux qui concernaient l'industrie du drap, de la toile, de la soie, de la chapellerie, métiers exigeant cette délicatesse de travail qui appartient principalement à des mains féminines; dès lors, dans ceux-ci, le nombre des ouvrières devait l'emporter de beaucoup sur celui des ouvriers.

Quand bien même nous n'aurions pas ces renseignements sur le travail des femmes aux siècles passés, il serait encore de toute évidence que presque toutes les professions étaient accessibles à celles-ci par un moyen détourné, et cela, depuis le jour même où les corps de métiers ont apparu. En effet, les veuves de maîtres, avaient généralement le droit de succéder à leur mari défunt, et de continuer son commerce pendant tout le temps de leur veuvage, comme si l'on présumait que, pendant leurs années de ménage, elles avaient acquis une certaine expérience professionnelle suffisante, pour leur permettre de diriger un atelier ou une boutique, avec l'aide d'un ouvrier capable (1), ayant fourni ses preuves, soit en passant un examen, soit en faisant un chef-d'œuvre. Toutefois, si la veuve venait à se remarier, elle perdait ce privilège, et si même son nouveau mari appartenait au métier, celui-ci ne pouvait continuer le commerce dont on avait bien voulu laisser l'exercice à sa femme, qu'à la condition de payer les droits afférents à la maîtrise. L'on ne voulait pas en effet généraliser une telle situation exceptionnelle, faite uniquement dans une pensée de charité et d'humanité, qui parfois livrait la direction d'une industrie ou d'un commerce à des femmes qui n'avaient été, ni ouvrières, ni même apprenties.

En résumé, le nombre des femmes devait être déjà assez considérable à Besançon dans la Corporation des XVIe et XVIIe siècles, et naturellement, cette immixtion de la femme dans les corps de métier, devait avoir une répercussion sur les salaires. Mais, nous ne voulons rien affirmer à cet

(1) Police N. H., p. 67 : « Voulons aussy que la relicte d'ung maistre bouchier, tandis qu'elle sera en viduité, puisse vendre et faire tuer, sans qu'elle ayt valets suffisants, mais si elle se remarie à ung aultre d'aultre mestier, elle ny pourra plus retourner ».

égard, car il faudrait pour cela des textes nous indiquant les prix comparés des salaires donnés aux ouvriers et aux ouvrières ; il nous faudrait aussi connaître exactement le nombre de ces dernières, enfin entendre les ouvriers du temps se plaindre du chiffre des femmes admises dans les ateliers.

CHAPITRE V

L'ADMINISTRATION DE LA CORPORATION. —

SON POUVOIR EXÉCUTIF.

Nous venons d'étudier les trois échelons de la hiérarchie de la Corporation : l'apprentissage, le compagnonnage et la maîtrise; où le maître commande au compagnon, et le compagnon à l'apprenti. Or, qui assurait la bonne entente entre ces trois classes, qui défendait les intérêts des faibles, c'est-à-dire des apprentis et des ouvriers, contre les forts, c'est-à-dire les maîtres ? Qui pouvait modifier les règlements d'une corporation lorsque les besoins s'en faisaient sentir, et que les progrès de l'industrie et du commerce nécessitaient la rédaction de nouveaux statuts ? En un mot, quelle était l'administration du corps de métier de Besançon, quels étaient ceux qui se trouvaient à la tête, conduisant et dirigeant la machine toute entière ?

C'étaient tout d'abord les Gouverneurs, les élus de tous les citoyens de Besançon, c'étaient ensuite les Gardes-Jurés, les élus des maîtres de chaque métier, chargés de surveiller leurs confrères et d'assurer la stricte observation des règlements en vigueur; c'étaient enfin les Assemblées délibératives des métiers qui se réunissaient, quand besoin était, pour discuter les questions épineuses et remédier aux cas les plus graves et les plus pressants.

SECTION I

LE RÔLE DES GOUVERNEURS DANS L'ADMINISTRATION DES CORPS DE MÉTIERS

Quel était le rôle joué par les Gouverneurs dans l'administration des corps de métiers ?

Ces fonctionnaires, que leurs pouvoirs faisaient tout à la fois les chefs et les protecteurs de la Corporation, semblaient prendre tout à fait à cœur la mission dont ils avaient été investis par la confiance de leurs concitoyens qu'ils assurent à chaque instant de leur « zèle et amour », et de leur «pitié » (1). Et ils prouvent manifestement la sincérité de leurs intentions en s'attachant à réglementer, jusque dans leur détails les plus minimes, les droits des travailleurs, comme aussi ceux des consommateurs.

Comme ils se déclarent responsables de la santé de leurs administrés, des maladies et de la mort desquels ils prétendent avoir à répondre devant Dieu le Créateur (2), on les voit interdire aux Corporations visant l'alimentation de vendre des produits nuisibles ou malfaisants. Comme ils veulent aussi éviter les enchérissements injustes qui font naître les privations, toutes les années ils déterminent le prix de la viande, du gibier, du pain, du vin, enfin du sel, et comme cette dernière denrée, indispensable à la consommation, subissait des fluctuations de prix regrettables, par suite de l'âpreté au gain, et des bénéfices que cherchaient à réaliser les revendeurs, ils avaient institué deux Commis dont la mission unique consistait à aller acheter tout le sel nécessaire à l'alimentation de la

(1) Police N. H., p. 1.
(2) Police N. H., p. 63.

ville, et à le faire amener à Besançon au meilleur marché possible, de façon que le salignon de sel ne puisse pas revenir à plus de 3 blancs (1).

S'ils paraissent user tyranniquement de leur autorité vis-à-vis de la Communauté des cabaretiers et hôteliers, en leur interdisant de s'établir à proximité des portes de la Ville, et en les obligeant, non seulement à leur adresser une requête écrite avant de pouvoir entreprendre leur commerce, mais encore à attendre qu'ils aient procédé à la visite de leur établissement qui devait fournir toutes les garanties voulues contre les risques d'incendie (2), il ne faut pas oublier que ces prescriptions étaient édictées, tout aussi bien dans l'intérêt de ces commerçants, que dans celui de la Cité tout entière, car, en les astreignant à de telles obligations, on empêchait leurs maisons de devenir le repaire et l'asile dangereux des espions et des malfaiteurs, et c'est ce même sentiment qui pousse encore les Gouverneurs à obliger ces commerçants à leur donner chaque jour le nom des personnes qu'ils logeaient, comme ils interdisent aussi aux apothicaires, toujours dans le même but d'utilité générale, de vendre des poisons ou des plantes vénéneuses à des inconnus, leur prescrivant même de leur signaler ces clients suspects, — peut-être des criminels (3).

Les Gouverneurs protégeaient aussi les commerçants, et, en un mot, tous les travailleurs, en contraignant ceux-ci à faire attention aux pièces qu'on leur donnait et à signaler les émissions de fausse monnaie, qu'ils étaient appelés à constater, et qui pouvaient leur causer des préjudices très appréciables; pour arriver à réprimer de tels crimes, ils faisaient comparaître devant eux les personnes qui avaient émis les mauvaises pièces, les interrogeaient, et souvent, après une enquête habilement menée, arrivaient à atteindre les faussaires (4).

(1) Police N. H., p. 43.
(2) Police N. H., p. 68 et 69 *bis*.
(3) Police N. H., p. 92.
(4) Police N. H., p. 110 : « Que pour obvier qu'aux faulsseurs de monoye, et que le pauvre qui ne se connoit pas en telle chose ny soit souventes fois trompé, nous ordonnons que tous argentiers et marchands cizelleront en deux

Les Gouverneurs, enfin, étaient les auxiliaires les plus précieux de toutes les Corporations s'occupant de la construction, car ils veillaient avec un soin tout particulier à l'embellissement de la Cité ; du reste, la minutie avec laquelle ils ont réglé les statuts des Corporations travaillant aux bâtiments, prouve que cette industrie et ces communautés, étaient pour eux un sujet de préoccupation constante (1).

Les Gouverneurs cherchaient toujours l'intérêt des Corporations dont ils avaient l'administration, et, à chaque moment, lorsque le besoin s'en faisait sentir, celles-ci leur adressaient des requêtes, soit pour faire changer quelque point dans les règlements en vigueur, soit pour se faire donner de nouveaux statuts. C'est ainsi que nous voyons les tanneurs, corroyeurs et cordonniers s'adresser à eux pour obtenir que leurs métiers fussent réunis et qu'il leur soit permis d'exercer, tout à la fois, la profession de tanneur, de corroyeur et de cordonnier. Et, tout aussitôt, voilà ces magistrats qui, soucieux des intérêts de leurs administrés, et désirant vérifier par eux-mêmes si cette réforme pouvait avoir quelque avantage pour ces artisans, font procéder à une enquête minutieuse dirigée par quatre d'entre eux, s'entourent des avis des habitants de la Ville et des lieux avoisinants, convoquent les notables de la Cité en l'Hôtel Consistorial, et enfin, à bon escient, font droit à la supplique de ces travailleurs (2).

Et là ne s'arrêtait pas le rôle des Gouverneurs sur les Corporations.

Lorsqu'un candidat à la maitrise avait terminé son chef-d'œuvre, les maitres du métier et les jurés, après s'être prononcés sur son admission dans le sein de la communauté, l'introduisaient auprès des Gouverneurs, qui, après avoir examiné à leur tour son chef-d'œuvre, lui donnaient l'investiture de la maitrise et lui faisaient prêter le serment consacré (3). C'était aussi devant eux que l'on amenait les

pièces et par le mytan, toutes faulsses pièces d'argent, que pourtois et monstrées leur seront, à qui elles soient, dont ils rendront la moitié à la partie, et quant à l'aultre, ils l'apporteront devant nous au premier jour juridique, et y assigneront la partie par nous en sçavoir la vérité. »

(1) Police N. II., p. 126.

(2) Police N. II., p. 71.

(3) Police N. II., p. 72, 78, 79, 83, 85, 89, etc.

jurés nouvellement élus, et c'est également en leur présence qu'ils prêtaient le serment accoutumé (1).

Toutes les plaintes dirigées contre les artisans des métiers venaient se réunir entre les mains des Gouverneurs. Un couturier avait-il livré une robe ou un pourpoint d'une coupe défectueuse? l'on avait un mois pour s'en plaindre aux Gouverneurs qui, aussitôt saisis de l'affaire, appelaientdevant eux les maîtres du métier, leur faisaient examiner les habits livrés, et, sur leur avis, infligeaient une punition à l'artisan maladroit ou négligent (2). De même, quelqu'un remarquait-il dans le travail d'un ouvrier une infraction quelconque aux règlements? il avait le droit et même le devoir de la signaler aux Gouverneurs, qui faisaient comparaître le défaillant devant eux, et avaient alors le pouvoir de lui infliger une amende arbitraire, et, en cas de récidive, de lui interdire le métier, et même de le bannir de la Cité (3).

SECTION II

LA JURIDICTION DE L'ARCHEVÊQUE

A côté de cette juridiction des Gouverneurs sur les corporations, il importerait peut-être de dire quelques mots de celle qui était exercée sur quelques-unes d'entre elles par le pouvoir ecclésiastique. L'Archevêque de Besançon avait dans la ville ses neuf grands officiers qui étaient : le chambrier, l'échanson, le pannetier, le maréchal, le forestier, le secrétaire, le vicomte et le maire, tous fonctionnaires qui, dès leur entrée en

(1) Police N. II., p. 74, 78, 81, 83, 86, 87, etc.

(2) Police N. II., p. 80 : « Réservé que si aulcungs cytoyens vuellent faire habits nuptiaux pour leurs femmes ou filles, ils pourront faire venir aulcungs cousturiers en leurs maisons pour les faire à leurs périls et proffits, sans estre reprins led. cousturier de larrecin, drap perdu ou visitation... »

(3) Police N. II., p. 75, 79, etc.

fonctions, devaient l'hommage lige au siège épiscopal (1). Mais, le dapifer, l'échanson ou bouteiller, le panetier, enfin le maréchal, étaient seuls à avoir une certaine compétence sur quelques-uns des corps de métiers de la ville.

Le dapifer ou maître d'hôtel, qui possédait la maison-forte appelée la Tour de Saint-Quentin, avait droit à la moitié du produit de la pêche des poissonniers qui exerçaient depuis l'écluse St-Paul jusqu'au pied du mont Chaudanne.

L'échanson ou bouteiller, qui occupait un hôtel fortifié de la rue, appelée dans la suite rue de la Bouteille (actuellement rue Luc Breton), avait le droit de contrôle sur toutes les mesures de vin et de graines qui se débitaient dans la Cité, et par conséquent, sur la corporation des Mesureurs et sur leurs auxiliaires. Et ceci nous explique ce que nous lisons dans les statuts de ce corps de métier, où nous voyons que la nomination des femmes qui devaient recueillir les grains prélevés par les Mesureurs, comme constituant le droit d'éminage, était faite conjointement par l'Archevêque et par les Gouverneurs ; qu'enfin le « receveur de l'Archevêque », — c'est de son échanson ou bouteiller que parlent sans doute les statuts, — possédait deux des clefs qui servaient à ouvrir tous les trois mois, les boîtes où les mesureurs mettaient l'argent qu'ils recevaient comme prix de leurs peines (2).

Le panetier exerçait sa juridiction sur les Boulangers et Fourniers de la ville, et prélevait un droit sur chacun des pains qui se consommaient dans la maison de l'Archevêque.

Le maréchal enfin, avait droit à un impôt que devaient lui payer tous les ouvriers en métaux qui fondaient des ateliers à Besançon, et qui s'élevait, à l'époque que nous étudions, à la somme de 5 sous. Quant aux Cabaretiers qui s'établissaient dans la rue de la Luc (rue de Pontarlier), ils ne pouvaient exercer qu'après lui avoir payé le tribut d'un chauveau de vin (3).

C'est tout ce que nous dirons des pouvoirs exercés par l'archevêque et ses officiers sur la corporation ouvrière.

(1) Castan : *Origines de la commune de Besançon*, p. 63 et seq.

(2) Police N. II., p. 45.

(3) Castan : *op. cit.* pièces justificatives, n. XXVI, p. 195.

SECTION III

LES MAITRES DU MÉTIER. — Leur mode d'élection; leur nombre; leurs fonctions; leurs tournées et visites; les Commis des Gouverneurs.

La surveillance immédiate et pour ainsi dire journalière de la corporation, était exercée par certains fonctionnaires recrutés dans le sein même de la communauté, et que l'on appela d'abord « maîtres du métier », puis « jurés. » Les attributions de ceux-ci étaient très diverses : protecteurs de l'apprenti et du valet, ils préparaient le budget de la communauté, faisaient état de ses ressources, surveillaient la fabrication, dressaient procès-verbal des malfaçons, faisaient des visites domiciliaires, et pratiquaient, s'il y avait lieu, des saisies. Ils étaient, en un mot, les représentants du bon ordre et de la prospérité du métier, et étaient aussi chargés, au nom des Gouverneurs qui leur donnaient l'investiture de leurs fonctions, de faire exécuter les décisions que ceux-ci rendaient à l'égard d'un membre quelconque de la communauté.

Examinons le mode d'élection de ces magistrats, leur situation et leurs attributions dans le corps de métier.

L'élection des jurés avait lieu, dans chaque métier, le jour de la fête patronale ou le jour de l'an, en un endroit déterminé à l'avance par les jurés encore en fonctions (1). Ils étaient nommés pour trois ans au suffrage universel par tous les maîtres, mais par ceux-ci seulement : le droit de vote était donc refusé à Besançon aux ouvriers, ce qui, malgré le silence des textes à cet égard, se comprend facilement, car ces derniers étant beaucoup plus nombreux que les patrons, en leur permettant de prendre part au scrutin, on leur eût ainsi laissé toute latitude d'y faire la loi !

Chez les orfèvres, cette élection se passait de la manière suivante : les maîtres, après s'être assemblés, arrêtaient leur choix sur trois d'entre eux, dont ils soumettaient les noms

(1) Police N. II., p. 71, 78, 81, 83, 85, etc.

aux Gouverneurs qui avaient mission d'en choisir un sur cette liste, pour exercer les fonctions de juré (1).

Le renouvellement de ces magistrats ne se faisait pas intégralement et en une seule fois, tous les trois ans, mais bien tous les ans. Ainsi, chez les maçons, où le nombre des jurés était de quatre, nous voyons qu'il y avait toutes les années un renouvellement partiel de deux jurés ; de la sorte, les deux nouveaux élus se trouvaient avec deux anciens, qui les mettaient pendant un an au courant de leurs fonctions, et l'année suivante, lorsqu'une nouvelle élection avait eu lieu et que leurs éducateurs avaient été remplacés, c'étaient eux qui devenaient les anciens, c'est-à-dire les initiateurs des nouveaux arrivants (2).

Dans toutes ces élections, l'on ne pouvait pas nommer ensemble deux frères ou beaux-frères, le père, le fils ou le gendre ; à égalité de voix entre deux concurrents, c'était toujours le plus ancien qui obtenait la préférence.

Le nombre des jurés variait avec les différentes corporations : il était de quatre chez les couturiers, les tanneurs, corroyeurs et cordonniers ; de deux chez les tisserands, chaussetiers, bonnetiers, chapeliers, orfèvres et argentiers ; quant aux pelletiers, ils n'en avaient qu'un seul. Ces hommes devaient être choisis, disent les statuts, parmi « les plus expérimentés » et l'on exigeait même, chez les apothicaires, qu'ils fussent établis comme maîtres depuis cinq ans (3).

Aussitôt élus, les jurés prêtaient serment devant les Gouverneurs, auxquels ils étaient présentés par les maîtres du métier, c'est-à-dire par leurs électeurs. Cette cérémonie avait lieu « le premier jour du conseil » qui suivait leur élection : ils juraient d'être « bons et léaulx et de garder les ordonnances en « tous leurs points, et de bien et déhuement visiter les besoignes

(1) Statuts de 1689, p. 61, t. VII. « Chaque 1er décembre jour de fête St-Eloy leur patron, tous les maîtres s'assembleront et choisiront trois des plus expérimentés d'entre eux, pour être présentés au magistrat qui en retiendra un pour exercer la charge de juré avec l'un des anciens qui restera, pourquoy la feuille de l'élection sera portée au magistrat par les maîtres le premier jour de Conseil suivant, afin que des trois plus hauts en voix, il en soit retenu un ».

(2) Statuts de 1689, p. 24, t. II.

(3) Statuts de 1689, p. 116, t. XIII.

« de leurs estats, et en rapporter les émandes qui connoistront estre commises par mauvaise façon ou daurée » (1).

Comme nous l'avons déjà annoncé, les fonctions des jurés étaient multiples. Surveillant les contrats d'apprentissage et les rapports entre maitres, valets et apprentis, c'était à eux que les candidats à la maitrise adressaient leur requête (2), et c'est devant eux qu'ils comparaissaient pour justifier de leurs connaissances (3). Ils indiquaient de même aux récipiendaires le chef-d'œuvre qu'ils auraient à confectionner; c'était dans leur logis que ceux-ci devaient travailler « seuls et sans aide (4) »; c'était à leur haute approbation qu'ils soumettaient le fruit de leurs labeurs et de leurs veilles; c'était enfin par eux qu'ils étaient présentés à l'agrément des Gouverneurs (5).

Quelques communautés indiquaient aux jurés sur quels points devait porter l'examen des aspirants à la maitrise. Ainsi les maçons veulent que les candidats sachent construire « cheminée, porte quarrée, ou ronde, ou de biais, tracer front de maisons, escaliers ou fenêtres d'église » (6); les menuisiers veulent qu'ils puissent placer, « ayant où besoin sera, des onglets et pingeons, sans cloux et sans pièces plaquées (7) »; enfin, les tissiers, qu'ils sachent travailler « soit en toile lisse et simple, ou en napage et toile façonnée (8). » L'on avait du reste la plus grande confiance en ces examinateurs, et cela se comprend facilement, car leur compétence n'était mise en doute par personne, attendu que les jurés étaient recrutés uniquement parmi les maitres les plus compétents du métier.

Les jurés, surveillants de la communauté, étaient tenus d'opérer de fréquentes visites chez les maitres pour empêcher toute infraction aux règlements; quand ils pénétraient dans les ateliers et boutiques, ils examinaient les différents objets qui leur étaient présentés, s'assuraient de leur conformité aux lois du travail, se faisaient ouvrir les armoires, les coffres, les

(1) Police N. H., p. 78.
(2) Statuts de 1689, p. 31, t. II.
(3) Statuts de 1689, p. 25, t. IV; p. 50, t. IV, etc.
(4) Statuts de 1689, p. 89, t. II; p. 75, t. IV, etc.
(5) Statuts de 1689, p. 25, t. IV, *in fine*.
(6) Statuts de 1689, p. 25, t. IV, *in fine*.
(7) Statuts de 1689, p. 75, t. IV.
(8) Statuts de 1689, p. 98, t. II.

comptoirs et s'emparaient des ouvrages mal faits ou mal conditionnés, qu'ils remettaient tout aussitôt entre les mains du Procureur de la Cité, après en avoir avisé les Gouverneurs (1); bien plus, lorsqu'ils surprenaient quelqu'un travaillant sans autorisation, c'est-à-dire sans avoir satisfait aux différentes conditions de la maitrise, ils saisissaient non seulement tous les objets qu'il avait pu fabriquer, mais encore tous ses outils, qu'ils livraient également au Procureur (2).

La compétence des jurés ne s'étendait pas simplement aux habitants de Besançon, mais encore à tous ceux qui résidaient sur le territoire de la Cité et dans la banlieue (3); enfin, leur surveillance s'appliquait aux travaux de toutes sortes qui s'exécutaient dans Besançon. Ainsi, ils visitaient tous les ouvrages de maçonnerie et de construction de la ville, et, s'ils y remarquaient quelque contravention aux règlements, ils dressaient procès-verbal contre le coupable et saisissaient de l'affaire le Procureur, qui était chargé de châtier le délinquant.

Les jurés pouvaient effectuer toutes ces visites, soit de leur propre mouvement, soit sur réquisition (4). Lorsque, dans une de ces visites, l'on avait lieu de suspecter l'un des jurés, celui-ci pouvait être récusé, à la condition toutefois qu'il reste deux de ses collègues pour y procéder; et, lorsqu'on craignait même que ces deux jurés ne s'entendissent entre eux, on leur donnait un médiateur, pris parmi les autres jurés; enfin, au cas très invraisemblable, où tous les jurés étaient suspectés, les Gouverneurs désignaient un certain nombre de maitres pour procéder aux visites à leur place (5).

Naturellement, les jurés qui avaient pour mission de visiter le travail des autres, n'échappaient pas non plus à cette surveillance dont ils étaient les ordonnateurs, et comme l'esprit

(1) Statuts de 1689, p. 61, t. VIII.
(2) Statuts de 1689, p. 24, t. VIII.
(3) Statuts de 1689, p. 24, t. II.
(4) Statuts de 1689, p. 26, t. VI.
(5) Statuts de 1689, p. 26, t. VII. « Si dans les visites, un des jurés se trouvait suspect, les autres pourront y vaquer, pourvu qu'il y en ait deux, sans qu'ils puissent prendre le party d'aucune des parties, et au cas que ces deux ne s'accordent, ils pourront choisir un médiateur parmi les autres jurés; et si tous les jurés se trouvent suspects, le magistrat nommera d'autres maitres massons pour faire la visite en leur place, le tout à la diligence des parties qui voudront faire faire ladite visite. »

très méfiant de l'époque craignait toujours et partout le travail irrégulier, et voulait un contrôle général et de tous les instants, les boutiques et ateliers de ceux-ci étaient fréquemment visités par certains de leurs confrères, désignés à cet effet par les Gouverneurs (1).

Les jurés apposaient une marque particulière, les armes de la Cité, sur tous les objets qui avaient passé par leurs mains et auxquels ils avaient donné leur approbation ; de même, les matières premières et les produits manufacturés du dehors, n'étaient mis en vente qu'autant qu'ils avaient reçu ce visa, qui fournissait, sans contredit, la meilleure garantie à donner aux acheteurs (2).

Lorsque les assemblées du métier se réunissaient, c'étaient les jurés qui en étaient de droit les présidents.

De plus, ils avaient comme autre attribution, la gestion des finances de la Corporation, et c'étaient eux qui opéraient le recouvrement de toutes les sommes dûes comme droits d'entrée par les apprentis et par les aspirants à la maîtrise ; ils étaient aussi chargés de percevoir les amendes infligées, sans pouvoir transiger à l'égard de celles-ci, ou en accorder une remise quelconque et, dans cette mission, avaient le droit d'exercer toutes les poursuites nécessaires. A la fin de chaque année, devant l'assemblée du corps de métier réuni, ils devaient rendre leurs comptes, et payaient immédiatement, et sans délai, les sommes dont ils étaient reliquataires (3).

Comme dédommagement de leurs peines, les jurés touchaient le quart des amendes qu'ils avaient fait prononcer à la suite de leurs visites, mais naturellement, ils n'avaient aucune part de celles qui avaient été infligées sur dénonciation faite au Trésorier par un tiers. Ils recevaient enfin certaines indemnités lorsqu'ils avaient vaqué à un examen, ou à la confection d'un chef-d'œuvre (4). Par contre, s'ils se rendaient

(1) Statuts de 1689, p. 118, t. VII.

(2) Statuts de 1689, p. 62, t. X. « Chaque maître sera obligé de marquer ses ouvrages à son poinçon particulier, et les faire contremarquer aux armes de la Cité par un des jurés. »

(3) Statuts de 1689, p. 130, t. XXIII

(4) Statuts de 1689, p. 89, t. II.

coupables de négligences dans l'exercice de leurs fonctions, ils étaient punis, à chaque fois, d'une amende de 60 sous.

Avant d'en terminer avec le chapitre des jurés, une remarque s'impose.

Lorsque nous lisons attentivement les règlements de l'époque qui nous occupe, nous voyons apparaître de tels rapports d'analogie entre les jurés et les Commis des Gouverneurs, dont nous parlent les statuts des boulangers, des pêcheurs de poissons d'eau douce et de poissons de mer, enfin des bouchers, qu'il semblerait presque logique de les identifier les uns aux autres, et, sous deux appellations diverses, de ne voir qu'une seule et même catégorie de fonctionnaires. Nous voyons en effet que les attributions de ces Commis étaient complètement identiques à celles des jurés : chez les boulangers, trois ou quatre fois par jour, ils visitent les boulangeries, examinent les pains mis en vente, vérifient leur poids et, s'ils y trouvent quelque malfaçon, font infliger au coupable une amende ; chez les bouchers, ils inspectent toutes les bêtes : bœufs, vaches, veaux, moutons, avant qu'on ne les tue, pour voir si elles sont saines et propres à l'alimentation ; chez les poissonniers, ils examinent les filets des pêcheurs et les produits de leur pêche.

Nommés par les Gouverneurs, ces Commis étaient choisis parmi les « hommes de bien prudhommes » (1), qui promettaient sur les saints Evangiles de « faire garder, observer et entretenir les ordonnances en chascung de leurs poincts, sans faillir de rapporter les mesusans et deffaillans ». On les payait sur le produit des amendes qu'ils infligeaient, et si celles-ci étaient insuffisantes pour leur constituer une rémunération convenable, sur « la bourse publique », étant donné qu'ils étaient institués pour le « proffit et utilité de tous les cytoyens et des corps humains et santé d'iceulx » (2).

Comme les jurés, s'ils se montraient négligents dans l'exercice de leurs fonctions, ou commettaient quelque méfait, on leur infligeait, à chaque fois, une amende de 60 sous (3).

(1) Police N. II., p. 59 *bis*.
(2) Police N. II., p. 64.
(3) Police N. II., p. 59 *bis*.

Or, quelles différences apercevons-nous entre ces Commis et les jurés dont nous parlent les autres métiers ? Leurs fonctions ne sont-elles pas analogues ? Les premiers, nous dira-t-on, étaient des citoyens quelconques, nommés par les Gouverneurs ; les seconds étaient des maitres du métier, élus par leurs pairs. Voilà, en effet, ce qui pourrait constituer une différenciation entre eux. Soit ; mais, allons au fond des choses ! Les jurés n'étaient-ils pas, somme toute, nommés, eux aussi, par les Gouverneurs, étant donné que c'était sur la décision rendue en dernier ressort par ceux-ci, qu'ils pouvaient être admis à prêter le serment prévu par les règlements, et commencer à exercer leurs fonctions ? D'autre part, ces Commis, « ces citoyens », ces « hommes de bien » devaient être aussi, comme nous le disent les textes, des « preudhommes ». Or, qu'était-ce qu'un prud'homme à cette époque, sinon un maitre établi depuis longtemps, ou un vieil ouvrier, expert dans son art et dans la connaissance de tous les règlements ! Enfin, ce qui nous autoriserait à assimiler Commis et jurés, c'est l'ordonnance des tisserands qui appelle les maitres du métier les « Commis » des Gouverneurs (1).

Nous n'avons pas la prétention de soulever ici un problème bien captivant ou ayant un grand intérêt : l'essentiel, somme toute, est de faire constater l'analogie indiscutable qui existe entre Commis et jurés, et puisque leurs fonctions sont à ce point semblables qu'on ne peut les différencier, les identifier les uns aux autres n'a rien après tout que de très logique et rationnel.

SECTION IV

ASSEMBLÉES DÉLIBÉRATIVES DES CORPS DE MÉTIERS CONTROLE DU POUVOIR EXÉCUTIF

Les corps de métiers, chaque fois que la nécessité s'en faisait sentir, se réunissaient en assemblées délibératives, où tous les maitres venaient échanger leurs vues et discuter les

(1) Police N. H., p. 78.

questions intéressant la collectivité ; ces réunions étaient d'une utilité toute particulière, attendu que c'était dans leur sein que se prenaient toutes les décisions importantes, et se tranchaient les difficultés que la seule autorité des jurés était incapable de résoudre. Voulait-on, par exemple, obtenir quelque changement dans les statuts qui régissaient une Corporation? L'on réunissait alors l'assemblée du métier, l'on prenait l'avis de chacun de ses membres, et l'on était sûr ainsi, que la requête qui était adressée aux Gouverneurs, était l'expression véritable de la volonté de la Communauté tout entière. Et une foule d'autres occasions devaient se présenter à chaque instant pour motiver la réunion de ces assemblées, par exemple, lorsqu'il s'agissait d'engager un procès ou d'intenter une action judiciaire, calamités qui arrivaient parfois aux corps de métiers, ou bien de vendre ou d'acheter un immeuble, ou enfin de nommer de nouveaux jurés.

L'initiative de la convocation appartenait aux jurés. Chacun des maitres devait se rendre à ces réunions, ou se faire excuser en cas d'empêchement (1). La séance s'ouvrait sous la présidence du plus ancien des jurés. Les maitres assemblés devaient rester jusqu'à la fin de la séance et n'avaient le droit de se retirer qu'après avoir fourni une excuse valable, sous peine d'être punis d'une amende de 20 sous qui était versée à la boite de la Confrérie (2).

Il y avait, dans ces assemblées, un ordre de préséance : prenaient place tout d'abord les jurés, puis les patrons venaient à leur tour, et se rangeaient par ordre d'ancienneté. Le plus ancien, de droit, avait le premier la parole et, comme du reste tous ses confrères, développait ses idées au milieu du silence le plus profond de tous les assistants ; se trompait-il, émettait-il même les idées les plus erronées et les plus bizarres, l'assemblée devait néanmoins garder la même réserve respectueuse, et le laisser arriver jusqu'au bout de son argumentation ou de son discours, sans se permettre de lui faire remarquer les hérésies dans lesquelles il tombait, ou de lui couper la parole : naturellement, il était encore bien plus défendu de lui chercher querelle ou de l'injurier. L'on était trop peu parle-

(1) Statuts de 1689, p. 130, t. XX.
(2) Statuts de 1689, p. 126, t. XII.

mentariste à cette époque, pour souffrir de pareilles libertés, et les interpellateurs ou interrupteurs grossiers, se voyaient infliger une amende de 20 sous dont bénéficiait la caisse de la Confrérie (1)!

Ce n'est que lorsque l'orateur avait terminé son discours, que l'on pouvait se permettre de réfuter ses arguments ou d'en faire la critique, mais encore, tout ceci devait-il être formulé en termes honnêtes et dénués de toute aigreur.

La discussion terminée, et lorsque plus personne ne demandait la parole, l'on mettait aux voix les différentes propositions : les jurés votaient tout d'abord, puis c'était au tour des maîtres, dans l'ordre de leur réception à la maîtrise : les suffrages étaient recueillis par le plus jeune d'entre eux, c'est-à-dire le dernier reçu (2). Les décisions prises étaient enregistrées par les jurés et inscrites le même jour sur le livre des délibérations, avec un petit développement des faits (3).

Ces assemblées vérifiaient aussi la gestion des jurés, et c'est devant elles que ceux-ci devaient rendre compte, à la fin de chaque année, de leur mandat : ils présentaient leurs chiffres, justifiaient de leurs diligences, et s'ils étaient encore redevables de quelque somme, la versaient tout aussitôt (4).

Ces réunions d'hommes devaient être en général fort calmes : c'est, du reste, l'impression qui paraît ressortir des textes. Mais en était-il bien de même lorsqu'au lieu de corporations d'hommes, il s'agissait de corporations de femmes ? M. Ouin-Lacroix, l'historien des corps de métiers rouennais, tranche pour Rouen ce point d'interrogation, par la dénégation la plus absolue, disant que « le spectacle d'une assemblée publique de ce genre devait être fort curieux », et à son sens, les élections, par exemple, qui se faisaient à la majorité des voix, devaient occasionner souvent de « vives oppositions se traduisant en saillies et en répliques, comme on en peut attendre de langues féminines échauffées par les orages de la discussion ». Et dès lors, nous nous représentons quelque chose de très houleux et

(1) Statuts de 1689, p. 116, t. XVII.
(2) Statuts de 1689, p. 116, t. XVI.
(3) Statuts de 1689, p. 116, t. XVIII ; p. 130, t. XVI.
(4) Statuts de 1689, p. 130, t. XXIII.

de très tumultueux. Faut-il conclure de ce qui se passait à Rouen, pour certifier le même état de choses à Besançon? Pourquoi pas, après tout! L'esprit et les langues féminines n'ont-elles pas été et ne sont-elles pas les mêmes dans tous les points du monde? Nous serions certes bien téméraires de vouloir nous refuser à l'évidence manifeste de cet axiome universel ! (1)

(1) Ouin-Lacroix, p. 121, cité par Hubert Valleroux, p. 59.

CHAPITRE VI

LA RÉGLEMENTATION DU TRAVAIL. — DURÉE DE LA JOURNÉE DE TRAVAIL. — DIMANCHES ET JOURS DE FÊTE. — LE TRAVAIL DE NUIT. — LES VISITES DES JURÉS.

Nous avons déjà pu nous faire une idée de la réglementation du travail, lorsque nous avons parlé de la journée de travail de l'ouvrier, et que nous avons dit combien nombreux étaient les jours où les statuts lui interdisaient de travailler. Nous avons vu aussi que si la journée de labeur de l'ouvrier était plus longue, et de beaucoup, que celle de l'artisan à notre époque, nous avons constaté par contre, que ses jours de repos étaient nombreux, et que l'ouvrier chômait bien plus souvent qu'il ne l'eût désiré, et, à supposer même qu'il ait accepté volontiers le repos du dimanche, eût certes préféré des jours de fêtes religieuses moins nombreux. Néanmoins, au mauvais côté de cette institution correspondait un avantage : travaillant moins de jours, par conséquent se reposant fréquemment, l'ouvrier pouvait fournir un travail mieux équilibré, moins surmené, par conséquent plus soutenu, plus appliqué et surtout plus consciencieux.

Nous ne trouvons pas trace, dans les statuts de Besançon, de la défense inscrite généralement dans tous les règlements des autres villes, de travailler pendant la nuit à la lumière. Or, les inconvénients du travail de nuit devant à cette époque exister tout aussi bien pour les Bisontins que pour leurs voisins des autres contrées, il est permis d'estimer qu'une telle réglementation était aussi obligatoire dans cette Cité, où les procédés d'éclairage étaient encore très défectueux, où la lueur des torches résineuses et des chandelles graisseuses ne permettait pas d'arriver à la délicatesse et à la finesse exigées par l'esprit minutieux de l'époque, et où celles-ci risquaient, par suite d'une maladresse ou d'un accident quelconque, de mettre le feu à ces boutiques voûtées et toutes construites en bois, qui servaient aussi d'ateliers aux maîtres des métiers, enfin de provoquer quelqu'un de ces incendies que l'on redoutait si fort à cette époque, étant donnés les ravages épouvantables qu'ils avaient déjà occasionnés dans la ville.

Le travail d'alors était généralement soigné, et la bonne fabrication était la règle de conduite de la grande majorité des artisans : elle était du reste inscrite en tête de tous les statuts des métiers, qui abondent en prescriptions techniques et professionnelles, garantissant la bonne qualité et l'exécution impeccable de tous les produits et objets ouvragés : du reste, les jurés qui surveillaient non seulement le travail des ouvriers, mais encore les matières premières mises en œuvre, étaient en quelque sorte les garants de la bonne fabrication ; et puis, il faut le reconnaître, l'on avait affaire la plupart du temps à des maîtres habiles qui avaient fourni leurs preuves, avant de s'établir, en passant un examen sérieux, ou en subissant l'épreuve du chef-d'œuvre, et qui enfin avaient à leur service des ouvriers compétents qui, pendant les longues années d'apprentissage auxquelles on les avait contraints, avaient eu tout le temps voulu pour se perfectionner dans l'exercice de leur métier.

Les règlements, du reste, pour être plus sûrs de la valeur du travail, fixaient aussi bien la quantité et la qualité des matières premières à employer, que le poids, la forme et le mode de fabrication des différents objets.

Donnons au hasard quelques exemples.

Les tanneurs, couroyeurs et cordonniers, ne pouvaient mettre en œuvre ou vendre leurs cuirs, avant de les avoir soumis à l'approbation des Commis des Gouverneurs ou des amodiateurs du métier, qui avaient à en examiner la qualité, et à les marquer aux armes de la Cité, s'ils les jugeaient suffisants ;

ces inspecteurs étaient, du reste, aidés dans leur vérification par ces artisans eux-mêmes qui, lorsqu'ils connaissaient quelque imperfection dans leurs marchandises, devaient la signaler (1).

Les cordonniers, dans le fabrication de leurs souliers, ne devaient employer que du cuir de bœuf ou de vache ; les orfèvres et argentiers ne devaient se servir, dans leur art, que d'or et d'argent fin, et lorsqu'ils fabriquaient des chaines en laiton ou en cuivre, il leur était défendu de les dorer ou de les « farder », ce qui eut pu empêcher de reconnaître le métal dont elles étaient faites (2).

Les drapiers devaient répartir leurs laines en un nombre déterminé de catégories, et les statuts leur donnent les conseils les plus minutieux pour les nettoyer, pour les laver, puis pour les essuyer, enfin pour les carder et les filer ; ils les astreignent même, une fois leurs draps teints, à les faire visiter par les maîtres du métier ; ceux-ci les marquaient aux armes des Gouverneurs, si la fabrication en était bonne, et, cette opération terminée, autorisaient leur mise en vente ; lorsque ces draps renfermaient quelque défaut ou quelque vice de fabrication, et que l'on permettait néanmoins aux drapiers de les vendre, ils étaient tenus de déclarer en toute sincérité à leurs clients les imperfections de leurs marchandises, afin que ceux-ci ne soient pas trompés sur la qualité véritable de ce qu'ils achetaient (3).

Les chausseliers étaient tenus de faire leurs chausses de « bon lyet, bien aisées à chausser et doubles de bonne et fine doublure et nette, selon le drap desd. chausses, lesquelles seront bien fort cousues et de bon fil, esquelles chausses lesd. chausseliers seront tenus de mettre de bien bonnes bandes de toile doubles (4). »

(1) Police N. II., p. 72. « Voulons en oultre et ordonnons que les cordonniers qui tanneront en ouvrant aulcungs cuirs qui ne seront bien et déhuement tannez, couroyés, passés, noircis et engraissez, comme dessus est dict, soient et seront tenus reveler le vendeur et faute d'iceulx à nosd commis et maistres, à peine de 60 solz, et avecques ce qu'ils ne mettent lesd tels faux cuyrs en œuvre, à peine que dessus. »

(2) Police N. II., p. 109.

(3) Police N. II., p. 75 «... Et si ne vendront leurs draps en gros ou en destay qu'ils ne declairrent aux achetteurs les faultes y estans, à peine du double. »

(4) Police N. II., p. 82.

Les statuts prévoient aussi la fraude qui consiste à vendre du vieux pour du neuf, à l'aide d'une habile réparation dont l'acheteur ne pouvait se méfier, et à laquelle il se laissait prendre très facilement. Ainsi, ils défendent aux selliers de mettre du vieux cuir à une selle neuve (1), et aux tonneliers de réparer ou mettre des douves à des tonneaux dont le fond est gâté et « cyronné », de peur que ceux-ci « se viennent à espancher »(2); ils punissent les menuisiers qui mettent une vieille serrure à un meuble neuf; contraignent les potiers d'étain et de cuivre à déclarer si le métal des objets qu'ils vendent est vieux ou bien neuf (3); interdisent enfin aux bouchers de vendre des viandes trop maigres et trop jeunes, ou même simplement suspectes (4).

Plusieurs métiers même prescrivent minutieusement les dimensions et le type de l'ouvrage à effectuer. Chez les tisserands, les pièces de toile devaient avoir 18 aulnes de long sur 5 quartiers de large (5); chez les drapiers, le drap de première qualité devait avoir en largeur 24 cens, celui de deuxième qualité 20, enfin, celui de qualité inférieure 12 et 8 seulement (6).

Bien plus, nous voyons certaines corporations se rapporter dans leur fabrication à un étalon-type qui était déposé à l'Hôtel Consistorial, et se modeler sur lui dans leur travail. C'est ainsi que les potiers de cuivre et d'étain, pour l'alliage des matières qu'ils mettaient en œuvre, se référaient à un échantillon qui leur avait été donné autrefois par les Gouverneurs et se trouvait en leur Hôtel (7). De même, nous voyons, chose encore plus curieuse, les maçons, les chappuys, et en un mot, toutes les principales corporations travaillant à la construc-

(1) Police N. II., p. 112.
(2) Police N. II., p. 136.
(3) Police N. II., p. 122.
(4) Police N. II., p. 30 *bis*.
(5) Police N. II., p. 79.
(6) Police N. II., p. 75.
(7) Police N. II., p. 120 : *« Ordonnons qu'en toute pouterie de cuyvre, ils ne seront tels ouvrer en neufve matière que de fin cuivre, allié seulement de 8 livres de plomb par cent, sans y mettre aulcunement de la vieille que selon l'échantillon que baillé leur avons, dont le pareil est demeuré rière nous en nostre Hôtel consistorial. »*

tion, se conformer dans leur travail, à certains plans qui leur étaient imposés par l'Administration de la Ville, et à une réglementation spéciale qui, tout en visant la solidité des édifices, leur prescrivait aussi des constructions plus modernes, ayant un caractère plus élégant, car l'embellissement de la Cité était une des préoccupations constantes des Gouverneurs (1).

Un fait à remarquer, c'est que la plupart des artisans possédaient un poinçon à leur nom, qu'ils apposaient sur chacun des objets qui sortaient de leurs mains. Cette coutume, non seulement permettait aux Jurés et aux Gouverneurs de retrouver facilement ceux qui avaient commis quelque malfaçon dans leur travail, mais encore servait aux marchands à acquérir une réputation et une clientèle plus étendues ; il y avait aussi pour eux l'honneur du poinçon, comme pour les seigneurs et les nobles il y avait l'honneur du nom ! Ce poinçon comprenait les initiales de l'artisan, et lorsque celles-ci étaient communes à plusieurs fabricants, on les différenciait en y ajoutant un signe quelconque, dont on avisait les Gouverneurs et tous les maitres du métier (2).

Tous ces petits détails nous montrent l'esprit général du travailleur de Besançon à cette époque, son souci habituel de fournir un travail soigné, son désir de faire bon et solide, en combattant la fraude par tous les moyens possibles, enfin, son amour-propre dans la fabrication des objets qui devaient porter son poinçon. Et ce sentiment d'orgueil très légitime se comprend parfaitement, attendu que l'ouvrier d'alors fabriquait toutes les parties d'un même objet ; le travail n'était pas comme de nos jours scindé, divisé à l'infini, et une même chose ne passait pas entre les mains nombreuses de spécialistes divers ; elle était construite de toutes pièces par un seul homme qui, faisant sortir quelque chose du néant, mettait tout son orgueil à obtenir un bon résultat. Le travail était sans doute plus long, le prix en était plus coûteux, mais on obtenait alors quelque chose de plus fini, de plus solide, et l'objet ainsi fabriqué était bien réellement « léal et marchand », comme l'exigeaient les statuts.

(1) Police N. H., p. 124 et 128
(2) Police N. H., p. 109, 115

CHAPITRE VII

INFRACTIONS ET AMENDES. — DOMMAGES-INTÉRÊTS. — CONFISCATIONS. — TAUX DES AMENDES. — LES PEINES CORPORELLES.

Si nous avons loué à juste titre le travail généralement consciencieux et soigné des ouvriers bisontins des XVIe et XVIIe siècles, il ne faudrait pourtant pas conclure de tout ce que nous avons dit, que les infractions aux lois du travail n'existaient pas à cette époque : jamais un tel état de choses ne saurait être possible. Les artisans, en effet, n'ont jamais été plus obéissants à une époque qu'à une autre, et, toutes les fois qu'ils y ont vu leur intérêt, ils ne se sont pas fait faute d'oublier bien vite les réglements, alors qu'en toute conscience ils auraient dû y obéir aveuglément. C'est pour punir les « délinquants et contrevenants » que nous voyons, au XVIe siècle, les Gouverneurs de Besançon prescrire de rechercher toutes les vieilles ordonnances des corps de métiers, éparses de droite et de gauche, et de les fondre en un seul volume où l'on pourra très facilement les retrouver et s'en servir, pour réprimer les fraudes et contraventions diverses (1). D'ailleurs, la multitude des prescriptions que nous voyons régir chaque Corporation, et qui prévoient la répression de la fraude et des infractions de toutes sortes, suffit seule à prouver qu'il y avait nécessité aussi à cette époque de prévoir et de punir des contra-

(1) Police N. II., p. 1.

ventions nombreuses et toujours nouvelles. Et puis, n'y a-t-il pas tout lieu de croire que les jurés qui étaient chargés de surveiller leurs confrères, étant des artisans, eux aussi, n'avaient pas instinctivement des velléités de laisser donner quelques légères entorses à des règlements qui les gênaient, comme les autres, et auxquels c'était pour eux une habitude que de contrevenir?

Et d'ailleurs, il semble bien qu'à cet égard les rédacteurs des ordonnances ne se faisaient aucune illusion : ils devaient certainement se rendre compte de la complicité secrète des jurés, et comme, pour l'enrayer, ils n'ont à leur disposition qu'un seul et unique remède, on les voit déclarer à chaque page que les jurés qui n'accompliront pas leur mission en conscience, et ne dénonceront pas toutes les infractions qu'ils verront se commettre, seront punis d'amendes arbitraires. Du reste, pourquoi s'étonnerait-on tant, que les artisans du XVIe siècle n'aient pris que ce qu'ils voulaient bien des prescriptions qui les régissaient tyranniquement, à leur sens, et aient cherché à enfreindre les règles si nombreuses qui les entravaient dans le libre exercice de leur industrie? L'on s'étonnerait plutôt qu'ils eussent agi autrement, étant données les tendances de l'époque qui faisaient regarder tout homme étranger au métier comme un ennemi qu'il était de bonne guerre de tromper, et que l'on pouvait duper d'autant plus facilement, que les règlements interdisant l'entrée de la Ville aux produits et aux fabricants étrangers, les corps de métiers se trouvaient sans concurrents, et ne craignaient nullement de perdre une clientèle qui, forcément, ne pouvait s'adresser qu'à eux.

Ceci est la teinte sombre du tableau. Mais, comme nous l'avons déjà dit dans le chapitre précédent, il faut reconnaître que, malgré ses petits défauts inhérents à la personnalité de chacun, l'artisan bisontin de cette époque avait bien des qualités ; s'il tournait parfois quelque peu les règlements, la plupart du temps il fournissait un travail irréprochable ; enfin, si les jurés se montraient indulgents dans certains cas particuliers, ils devenaient sévères lorsque la nécessité s'en faisait sentir. Ils avaient du reste prêté serment devant les Gouverneurs de garder bien et loyalement le métier, de saisir tous les objets défectueux qu'ils pourraient rencontrer dans leurs visites, de faire savoir au plus tôt à ces magistrats les falsifications dont ils avaient connaissance, et dès lors, ils tenaient à respecter, dans la mesure humaine, ce serment qui liait et chargeait plus ou moins lourdement leur conscience.

Quoique souvent, les règlements n'indiquent qu'assez sommairement les principales conditions de la fabrication, ces renseignements suffisaient amplement aux jurés qui, ouvriers d'élite, savaient parfaitement distinguer un objet bien fait d'un objet défectueux. Dès qu'ils rencontraient un ouvrage insuffisant, ils le saisissaient et, pour répression, faisaient infliger une amende à l'artisan fautif. Ainsi, chez les couturiers, celui qui avait gâché un habit était frappé non seulement d'une amende, mais se voyait encore condamné à payer des dommages-intérêts à la partie lésée (1). Bien plus, chez les tanneurs, couroyeurs et cordonniers, l'on confisquait non seulement tous les objets de mauvaise qualité, mais encore le cuir qui avait servi à leur fabrication (2).

Les sanctions appliquées aux artisans fautifs consistaient donc, non seulement en amendes et dommages-intérêts, mais encore en confiscations. Dans ce dernier cas, l'objet saisi était porté aux Gouverneurs qui, la plupart du temps, ordonnaient son incinération : c'était le sort réservé aux draps, aux souliers, aux chapeaux, aux tonneaux défectueux, enfin aux viandes et aux poissons gâtés ; ces exécutions peu sanglantes se faisaient habituellement devant l'Hôtel Consistorial (3). L'on ne brûlait pourtant pas toujours la viande et le poisson gâtés, on les jetait aussi au Doubs, et, quand ces denrées étaient encore mangeables, on en faisait cadeau aux pauvres de la ville, aux mendiants et aux malades de l'Hôpital Saint-Clerc (3).

La plupart des métiers fixent le chiffre de leurs amendes à 60 sous, et adoptent pour les infractions de toute nature, une amende unique dont le taux, très probablement, avait été fixé par les artisans eux-mêmes. Néanmoins, beaucoup de ces amendes s'élevaient à un chiffre bien moins élevé. Ainsi, pour

(1) Police N. H., p. 80 : « Sera condampné ou absoult celui qu'il appartiendra, assavoir le cousturier, si faulte y a faict, à 60 solx, et à l'interest de partie, oultre les dépens et peines des maistres, ainsi que par nous elles seront tauxées. »
(2) Police N. H., p. 72.
(3) Police N. H., p. 63.

les chapeliers qui prenaient le valet ou l'apprenti d'un de leurs confrères, l'amende qui leur était infligée n'était que de 24 sous (1); pour les chirurgiens-barbiers surpris à travailler le dimanche ou un jour de fête, elle était de 20 sous (2); enfin, pour les maçons qui donnaient un salaire différent de celui prévu par les règlements, de 4 sous, et pour l'ouvrier acceptant, de 10 sous (3).

Par contre, les amendes pouvaient monter à des chiffres bien plus élevés, car un grand nombre de statuts nous parlent d'amendes « arbitraires », « variables selon que le cas le requiert ». La fixation en restait alors à l'appréciation des Gouverneurs, devant lesquels comparaissaient tous les délinquants. Et nous voyons ceux-ci appliquer aux coupables les lois de la récidive : à la première infraction, ils punissaient les boulangers de 20 sous d'amende : à la seconde, de 40 sous; à la troisième, de 60 sous; à la quatrième, ces commerçants se voyaient « privés de cuire ou de faire pain », et on les condamnait même parfois, à « vuider la Cité » (4). De même, les vignerons, à la seconde infraction, se voyaient infliger une amende de 8 florins (5).

Où était versé le produit des amendes? La plus grande partie, les trois quarts, revenait à la Cité. L'autre partie, c'est-à-dire un quart, était pour les jurés, lorsque c'étaient eux qui avaient relevé la contravention; mais, dès que celle-ci avait été signalée par une autre personne — car, d'après l'esprit de l'époque, il appartenait à chacun d'être l'accusateur public des infractions qu'il pouvait constater — c'était cette personne qui touchait la prime fixée; l'on avait trouvé là un excellent moyen d'encourager les indicateurs, et de mettre en garde les artisans contre toute velléité de fraude, par peur des dénonciateurs, qu'ils pouvaient craindre dans la personne de tous ceux qui approchaient d'eux, ou avaient quelque rapport avec eux.

Les amendes étaient perçues par les jurés, et, en cas de

(1) Police N. II., p. 87.
(2) Police N. II., p. 96.
(3) Police N. II., p. 126.
(4) Police N. II., p. 51.
(5) Police N. II., p. 137.

rébellion, refus ou violence de la part des condamnés, les Gouverneurs intervenaient et, par le moyen de leur Procureur, savaient faire exécuter leurs sentences. Quand le condamné ne payait pas, on l'enfermait en prison, où il soldait sa dette par de la contrainte par corps (1).

Les Gouverneurs pouvaient enfin condamner à des peines plus sévères que l'amende, et nous voyons qu'ils avaient le droit de faire enfermer en prison les cabaretiers qui ne voulaient pas obéir à leur réglementation, lorsqu'ils jugeaient qu'une amende, même arbitraire, ne suffisait pas pour les punir (2).

(1) Police N. II., p. 66.
(2) Police N. II., p. 68 *bis*.

CHAPITRE VIII

VIE PUBLIQUE DE LA CORPORATION. — SERVICES RENDUS PAR LA CORPORATION, EN MATIÈRE D'IMPOTS ET DE POLICE

Jusqu'ici, nous avons considéré le corps de métier en lui-même, abstraction faite de la place qu'il occupait dans l'organisation sociale, aussi allons-nous l'étudier maintenant dans le rôle qu'il prenait à la vie publique.

Les gens du métier avaient à acquitter les impôts suivants (1) :

1° Les droits perçus par les Gouverneurs ou les jurés lorsqu'un maître s'établissait (patos) ;

2° Les cotisations et redevances périodiques, telles que les droits de bienvenue, les différentes sommes versées à la boite de la Confrérie, enfin le droit « de fenêtre », c'est-à-dire le droit d'avoir un étalage (2).

Puis venaient tous les impôts indirects, dont le nombre était fort grand, et qui comprenaient :

1° Les droits et monopoles, tels que les droits de pesage et de mesurage des différentes marchandises. Ainsi, tous les blés et légumes devaient être portés aux Halles, où ils étaient remis entre les mains des mesureurs, qui devaient percevoir le droit d'éminage (3) ; de même, les bancs dont les bouchers et les

(1) Le budget de Besançon au XVIe siècle ne comporte aucun impôt direct. La taille même n'y existait plus depuis fort longtemps, et les habitants de la ville étaient francs.

(2) Police N. II., p. 52.

(3) Franche-Comté : pièces diverses, p. 26.

tripières se servaient pour leur vente, appartenaient à la Cité et devaient lui être loués (1), comme du reste ces boutiques ou « chambrettes », telles que celles où nous voyons les tanneurs se rendre à certains jours de la semaine, pour vendre les cuirs nécessaires aux laboureurs (2); enfin, la Cité percevait un droit sur chacun des objets tels que draps, cuirs et peaux, qui étaient marqués de ses armes (3);

2° Le banvin, qui était le droit que le Roi à Paris, le seigneur dans les villes, avait de suspendre tout commerce de vin au détail, jusqu'au moment où toute sa vendange était complètement vendue. Ce droit qui, à Besançon, revenait en partie à l'Archevêque, était remplacé par le paiement d'une somme de 30 sous à ce dernier, afin, disent les Registres Municipaux, « que chacun puisse vendre à son plaisir » (4).

Enfin, tout ce qui venant de l'extérieur, entrait dans la ville, était soumis à des droits divers : le droit « des engrongues des portes », le droit de la gabelle, le droit de rouage, tous droits perçus par les portiers de la Cité.

Besançon, en effet, possédait alors sept portes, dont les clefs étaient confiées à la garde de « deux hommes de bien » nommés par les Gouverneurs. C'étaient la Porte Taillée, la porte de Rivotte, la porte de Malpas et de Notre-Dame, la porte de Battant, la porte de Charmont, enfin la porte d'Arènes. Les dépositaires de leurs clefs étaient toujours au nombre de deux; ils avaient chacun leur trousseau, et les clefs de chacun de ces trousseaux étaient indispensables pour ouvrir l'une quelconque des portes. La mission de ces gardiens et du portier qui les assistait, consistait « à recueillir tous deniers des boëttes et biclets des entrées desd. portes du sel, harencs et vins quand raison veut, léalement et sans fraulde quant au contenu des ordonnances (5). » Comme dédommagement de leurs peines, ils étaient dispensés du guet, de tous les droits des portes, et de toutes corvées.

Ainsi, chaque fois qu'une personne venant de l'extérieur, pénétrait dans la Cité, elle devait payer le droit des portes, et,

(1) Police N. II., p. 65, 61 *bis*.
(2) Police N. II., p. 73.
(3) Police N. II., p. 77.
(4) Reg. mun., 5 janvier 1451.
(5) Police N. II., p. 3.

si elle amenait avec elle certaines denrées comme du sel, du vin, des harengs, du bois, elle avait à payer toutes les gabelles établies pour l'entrée de ces marchandises. Les statuts de l'époque nous donnent quelques renseignements sur la perception de ces gabelles. Les vins crûs sur les coteaux des environs, comme Chalezeule, Chalèze, Thise, Morre, Beure, Arguel, la Vèze, Busy, Avanne, Montferrand, Pirey, Pouilley, Pelousey, Auxon, Châtillon, payaient 4 gros d'entrée par muid (1); les vins d'autres lieux que ceux spécifiés précédemment, payaient 2 francs d'entrée; ce droit allait même jusqu'à 4 francs, lorsqu'ils venaient de régions situées au delà de la Saône.

Par une faveur très naturelle, les citoyens de la Ville, qui payaient les impôts, s'acquittaient du guet et de la garde, contribuaient enfin à toutes les charges de la Cité, n'étaient pas astreints à ces droits, lorsqu'ils rentraient leurs vendanges ou les vins provenant de vignes qu'ils possédaient hors du territoire de Besançon (2).

Chaque portier devait tenir une comptabilité de tous les vins qui pénétraient dans la Cité; il inscrivait le jour de leur entrée, leur qualité, le nom de celui ou de ceux qui les amenaient, enfin le nom des destinataires (3). Tous ces renseignements étaient communiqués au Trésorier ou au Contrôleur de la Cité, car c'était pour eux un moyen de vérification facile, lorsque chaque année, à la Saint-Martin, ils faisaient leur tournée générale dans toute la Ville, pour s'enquérir des habitants possédant des vins étrangers dans leurs caves (4).

Ce droit de la gabelle était aussi perçu sur différents autres produits, tels que le sel, le bois, les harengs, etc. (5).

Tous les véhicules à roues qui pénétraient dans la Cité payaient le droit dit « de rouage », même lorsque ceux-ci ne possédaient qu'une seule roue; ce droit était généralement de deux engrongues; il n'était que d'une engrongue par chariot de bois. Lorsqu'un même véhicule pénétrait plusieurs fois en

(1) Police N. II., p. 57.
(2) Police N. II., p. 58.
(3) Police N. II., p. 59.
(4) Police N. II., p. 57.
(5) Cf. Rougebief, *Histoire de la Franche-Comté*, p. 287.

un même jour dans la Cité, il ne payait cette taxe qu'une seule fois, lors de sa première entrée ; ce cas se présentait fréquemment pour les vendangeurs et aussi pour ceux qui transportaient des matériaux, des pierres ou du fumier (1).

Quant aux chariots des gens d'Église de Besançon, qui amenaient dans la Ville le bois, les grains, le vin, et les autres produits de leur dîme, ils ne payaient ni gabelle, ni engrongue des portes, ni rouage, mais, pour éviter toute fraude à cet égard, les portiers, au préalable, faisaient jurer sur les Évangiles aux conducteurs, qu'ils se rendaient bien chez tel ou tel homme d'Église, dont ils devaient donner le nom.

Enfin, les voitures amenant les provisions des Gouverneurs, du Secrétaire, du Trésorier, du Contrôleur, du Procureur ne payaient aucun droit, comme aussi — trait d'exquise galanterie — tous les véhicules amenant à Besançon « dames ou damoiselles », voire même « toutes espousées de quelques estats elles soyent, soient nobles ou aultres », et les statuts recommandent « expressément à « tous portiers, capitaines présens et advenir « qu'ils ne soyent tels ne sy hardys leur rien demander, ny vin, ny bonne entrée, ni bien venue, à peine de 100 solx (2) ». La vue des frais minois devait leur suffire !

A côté de ces impôts que tout citoyen de Besançon devait payer, il en était encore un autre dont chacun s'acquittait, non plus de son argent, mais bien de sa propre personne : nous voulons parler du guet, de la garde des portes et de l'assistance en cas d'incendie.

Tout le monde, en effet, devait faire partie de cette milice bourgeoise, qui était chargée de la police de la Ville et qui, le soir venu et la Ville bien close, avait pour mission de veiller au bon ordre, à la sécurité et à la tranquillité générales (3). Personne, à de très rares exceptions, n'était dispensé de cette obligation, et nous voyons que les 28, eux-mêmes, devaient s'en acquitter (4). Toutefois, exception était faite, à cet égard, en faveur des nobles : pour ménager les susceptibilités et la fierté de ceux-ci, qui éprouvaient quelque

(1) Police N. H., p. 59.
(2) Police N. H., p. 60.
(3) Dey : *Etude sur la condition des personnes...*, p. 32.
(4) Reg. Mun., 6 juillet 1463.

répugnance à assurer ce service avec le « menu populaire », on les autorisait à se faire remplacer à leurs frais, en temps ordinaire, mais, en cas de péril, ils devaient assurer leur service en personne (1). Le mot d'ordre était donné par les Gouverneurs, mais pendant la période de renouvellement de ceux-ci, il était donné par le Président des 28 (2).

Une dernière obligation imposée aux artisans des corps de métiers, comme du reste à tous les citoyens de Besançon, était celle de courir au feu, lorsqu'un incendie éclatait en quelque endroit de la Ville, et de travailler à l'éteindre. Certaines Corporations étaient même plus particulièrement astreintes que d'autres à cette obligation : c'étaient celles qui travaillaient à la construction, comme les communautés des maçons, des chappuys, des débrousseurs, des toitots, des plastrisseurs, car, ainsi que le disent très justement les statuts, « puisqu'ils gagnent leurs vies en faisant leurs maisons, par toutes bonnes raisons sont-ils tenus de les garder et préserver d'orvalle et périls de feug (3) ». Tous ces artisans devaient toujours avoir un certain nombre d'échelles en bon état qu'ils étaient tenus de porter immédiatement sur les lieux du sinistre.

Ces incendies, en effet, qui éclataient avec une facilité si grande dans les maisons de la Ville, généralement construites en bois, étaient une source perpétuelle de dangers pour les hommes de cette époque, aussi essayait-on, au moyen de mille règlements, d'en prévenir, ou tout au moins d'en diminuer la fréquence. Défense était faite à tous les ouvriers se servant de charbon de déposer des braises dans leurs maisons, si celles-ci ne sont pas « bien estaincts et refroidys (4) ». Défense était également faite aux meuniers d'avoir de la paille, des franges ou des rideaux à leurs lits, d'apporter dans leurs moulins du bois, des ételles ou des copeaux ; enfin, de se servir de chandelles sans les avoir placées dans des lanternes fixées à des piliers de pierre destinés spécialement à cet usage. En outre, ils étaient tenus d'avoir dans chacun de leurs moulins douze seaux remplis d'eau pour servir en cas de feu, et une cloche pour prévenir

(1) Reg. Mun., 14 et 18 janvier 1595.
(2) Franche-Comté. — Pièces diverses, p. 11.
(3) Police N. H., p. 135.
(4) Police N. H., p. 114.

les citoyens en cas de besoin; enfin, ils étaient obligés de faire nettoyer leurs cheminées quatre fois par an, et même plus, s'il en était besoin (1). Quant aux hôteliers et cabaretiers, lorsqu'ils entendaient sonner au feu, après avoir averti leurs hôtes qu'il leur était interdit de sortir de leur établissement, ils devaient aussitôt se rendre à l'Hôtel Consistorial, et là, donner aux Gouverneurs les noms de ceux qui logeaient chez eux, afin que ces magistrats puissent procéder immédiatement à une enquête, pour s'assurer si ces personnes ne seraient pas, par hasard, les auteurs de l'incendie qui venait d'éclater (2).

Tous ceux qui faisaient infraction à ces ordonnances étaient sévèrement punis et même, lorsque le feu éclatait, sans qu'il y ait faute de sa part, chez quelque habitant, on lui infligeait néanmoins une punition.

C'est ce que nous apprennent les Registres Municipaux, où nous voyons un certain Etienne Pepol condamné à fournir deux paires de seaux de cuir « pour ce que le feu a esté en son hostel, tellement qu'on sonna à feu, et y eut grand effroy », (3) et un autre habitant, du nom de Jean Romain, condamné à la même peine pour un motif analogue. Nous voyons enfin un boulanger, Arnoul l'Oublier, être relevé d'une amende qu'il avait encourue, mais à la condition toutefois qu'il « cryera d'oires en avant ou fera crier par son serviteur oblier, par la ville, de nuyt : « Garde les feu. Que Dieu les gard » (4).

(1) Police N. II., p. 47.
(2) Police N. II., p. 70.
(3) Reg. mun., 17 octobre 1466.
(4) Reg. mun., 30 septembre 1452.

CHAPITRE IX

LA VIE COMMERCIALE DE LA CORPORATION

Les rues de Besançon. — Les Boutiques, — Les Règlements de la Vente. — Défense de la concurrence et de l'accaparement. — Les Crieurs. — Les Halles et Marchés. — Les quatre foires annuelles de Besançon.

Pour se faire une idée du commerce de Besançon au XVIe et au XVIIe siècle, il faut se représenter ce qu'étaient ses rues et ses maisons, en un mot quel était l'état général de cette ville.

La plupart des rues de Besançon étaient étroites et tortueuses, car les maisons s'étaient élevées, pendant de longues années, au gré de la fantaisie des constructeurs, avant que les Gouverneurs aient songé à établir un alignement, et ce n'est guère qu'au XVIe et au XVIIe siècle que nous assistons à la contre-partie, et que nous voyons ces magistrats apporter quantité de règlements, ayant pour but de rendre les rues plus larges et plus droites, prescrire d'édifier les nouvelles maisons sur un alignement (1) et des plans nouveaux, et, par peur des incendies si redoutés à cette époque, racheter parfois aux frais de la Cité certains édifices, pour les faire reconstruire (2). Les bâtiments étaient serrés les uns sur les autres, avaient peu de fenêtres de front, et habituellement ne possédaient qu'un étage, lequel faisait saillie sur le rez-de-chaussée, et parfois était

(1) Reg. mun. 30 octobre 1531.
(2) Reg. mun. 27 et 30 octobre 1452.

pourvu d'une galerie (1) ; or, si l'un ou l'autre surplombait par trop, il se produisait ce fait que la lumière ne pouvait plus arriver jusqu'à la rue, qui se trouvait plongée dans une demi-obscurité. Aussi, les nouvelles prescriptions de l'époque, afin de parer à cet inconvénient, interdisent-elles de construire à plus d'un pied et demi de saillie (2).

Les rues, naturellement, puisque le soleil ne pouvait y parvenir facilement, étaient généralement humides et boueuses; aussi, pour travailler à leur réfection et à leur assainissement, n'était-ce pas trop d'une corporation tout entière : celle des Pauvres.

Lorsqu'on pavait une rue, chaque citoyen devait contribuer aux frais pour toute la partie qui se trouvait devant sa maison; toutefois, lorsque celle-ci donnait sur une place publique ou un marché, c'était la Cité qui assumait la presque totalité des dépenses (3). Comme cette obligation était fort coûteuse et grevait lourdement la bourse des habitants, ceux-ci étaient tenus de veiller, tant dans leur propre intérêt que dans celui de la Cité, à ce que personne ne vint détériorer leur pavage, qu'ils avaient alors à défendre contre les agissements des histrions, les organisateurs de baraques et de jeux, dont la fâcheuse habitude était de desceller les pavés, afin de ficher en terre leurs piquets; enfin, contre les entreprises des jeunes gens qui, pendant les fêtes du mois de Mai, aimaient à planter en terre les rameaux et les branches consacrés (4).

De tous côtés, dans les rues, au bord des fenêtres, s'allongeaient de longues perches chargées de linge, des enseignes se balançaient au-dessus des portes des boutiques, ou bien, par les jours de grand vent, tournaient en grinçant sur leurs gonds rouillés; ces enseignes même avaient pris peu à peu des dimensions telles que les Gouverneurs avaient dû, à la fin, défendre qu'elles puissent avoir plus d'un pied et quart.

Quant aux étalages des boutiques, la plupart du temps, ils empiétaient d'une façon dérisoire sur la rue; des bancs, des tablettes, des caques de harengs, ou autres objets, obstruaient

(1) Police N. II., p. 128.
(2) Reg. mun., 5 août 1538.
(3) Police N. II., p. 127.
(4) Police N. II., p. 128.

le passage et, comme chaque boutique était protégée par de longs rideaux, ceux-ci venaient balayer le visage des cavaliers, voire même parfois des pacifiques piétons (1).

Les boutiques s'ouvrant dans des rues sombres étaient très sombres, elles aussi, et le seul éclairage qu'on y connaissait était celui des lanternes et des chandelles enfermées dans des verres cylindriques. C'est là quelque chose de tout différent de nos magasins d'aujourd'hui, si riches et si bien éclairés! Ordinairement, chaque boutique se composait d'une grande arcade divisée par un ou plusieurs montants de pierre (2). La porte d'entrée se trouvait non au milieu, mais aux côtés de l'arcade, le reste était consacré à l'étalage. Les volets de la boutique s'ouvraient horizontalement par le milieu; celui d'en bas s'abaissait vers le mur d'appui, et, dépassant l'alignement, d'une façon exagérée parfois, comme nous l'avons dit, recevait les marchandises exposées. De là le nom de « fenêtres » donné aux magasins (3).

L'on s'inquiétait peu d'ailleurs, que ces boutiques fussent sombres, car les marchés et toutes les affaires se concluaient sur le seuil et non à l'intérieur de celles-ci; le prix fixe n'était pas connu la plupart du temps, et l'on débattait librement et longuement les prix.

Les marchands de cette époque n'aimaient pas la concurrence, et il était expressément défendu de se prendre les clients les uns des autres, soit en les appelant, lorsqu'ils étaient arrêtés à la devanture d'un confrère, soit en allant les chercher : on devait les attendre sur le seuil des boutiques, sans leur faire signe, ou leur vanter les qualités des produits de l'établissement.

C'est ainsi que nous voyons les règlements, en des prescriptions énergiques, peut-être téméraires, ordonner le silence aux tripières qui, certes, dans la Corporation, devaient représenter l'élément bavard par excellence, et leur interdire toute réclame et tout boniment qui eût pu attirer à elles des clients (4)!

Ces prescriptions n'étaient pas seulement dictées par crainte

(1) Police N. H., p. 129.
(2) Voir Franklin, *Dictionnaire*, p. 105.
(3) Police N. H., p. 52.
(4) Police N. H., p. 74.

de querelles entre les marchands rivaux, habitant un même quartier, et parfois porte à porte, mais encore, et surtout, par respect pour les principes plus élevés qui régissaient les corps de métiers à cette époque, dont tous les membres se considéraient comme solidaires, ne voulant entre eux que des rapports de la plus affectueuse confraternité, enfin eussent estimé honteux de s'enrichir aux dépens les uns des autres.

Les statuts des métiers réglementent aussi les opérations relatives à l'achat des matières premières. On ne tolérait pas que certains marchands, plus fortunés, et disposant de capitaux plus élevés que leurs confrères, puissent accaparer à eux seuls toutes les denrées nécessaires à la consommation ou à la fabrication (1), ce qui est aujourd'hui considéré, par les commerçants, comme une opération très habile et tout à fait licite, qui permet aux spéculateurs adroits de faire la loi des marchés et de revendre aux consommateurs, aux prix qu'ils veulent bien, les denrées dont ils se sont emparés.

Bien plus, il était défendu aux marchands d'aller au-devant des convois qui apportaient dans la ville les produits de toutes sortes, pour qu'ils ne puissent s'en saisir tout aussitôt au détriment des autres, ou bien s'entendre avec leurs propriétaires, pour leur faire porter leurs prix à des taux très élevés, afin de décourager les acheteurs, et de leur permettre d'accaparer ainsi, tout ce qui entrait dans la ville (2). Cette interdiction d'aller au-devant des charrettes arrivant en ville, s'appliquait non seulement aux marchands, mais encore à leurs femmes, à leurs enfants et à leurs valets. Il leur était même défendu de stationner et d'attendre à proximité des marchés ou des Halles, où, là encore, ils auraient pu s'entendre avec les arrivants.

C'était surtout l'entrée des blés dans la Ville qui était soumise à des prescriptions particulièrement minutieuses. Ceux-ci devaient être amenés dans des sacs fermés, et conduits directement aux Halles ; le jour du marché arrivé, lorsque les Commis des Gouverneurs avaient sonné la cloche de Saint-Laurent, l'on pouvait alors seulement ouvrir ces sacs, et commencer la vente du froment. Lorsque « tous les gens de bien

(1) Reg. mun., 28 septembre 1456 ; 24 juin 1545.
(2) Police N. H., p. 46.

et populaire » étaient servis, les Commis des Gouverneurs achetaient ce qui restait de blé, aux frais de la Cité, puis le revendaient « au pris, ou à peu près, qu'il aura cousté (1) » aux boulangers de la Ville.

Il était défendu à toute personne qui avait une provision suffisante pour son année, de chercher à acquérir encore de nouveaux grains (2).

Les statuts des Bouchers interdisent aussi à ces commerçants de s'entendre à plusieurs pour accaparer les bestiaux, ils leur permettent bien de s'associer pour en acheter un grand nombre, mais alors ils doivent partager également entre eux leurs achats : toute infraction à cette prescription était punie d'une amende de 10 livres (3).

Nous voyons même les Gouverneurs de Besançon ayant été avertis qu'un nommé Vauchier Donzel, « citien de Besançon, par le jour devant avoit acheté, et fait acheter tout le vin qu'estoit en ung vassel que lors vendoit à taverne publique, messire Jehan Girardot, prestre, et en vendant ledit vin, tout à copt, présens plusieurs que vouloient avoir dudit vin au pris qu'il se vendoit, fut close ladite taverne et retenu tout le vin qui estoit oudit vassel, par ledit Vauchier Donzel, de quoy tout le peuple avoit esté et ancour estoit très mal content dudit Vauchier, attendu qu'il avoit assez vin en son hostel, sans vouloir ainsi assaufer le peuple », lui infliger une réprimande et lui ordonner, en réparation, de vendre une queue de bon vin, au prix de deux engrongues la pinte (4).

Les Revendeurs étaient également soumis à des prescriptions analogues, destinées à empêcher l'accaparement, et, de ce fait, l'enchérissement des produits de première nécessité. Il leur était défendu, à eux, à leurs femmes, « mesgniers et facteurs », de « prendre, achepter, barguigner ou marchander de faict, « de signes ou paroles, soient en la Cité ou chemin d'icelle « marchandises quelconques, comme phaisans, perdrix, geli- « nettes, lièvres, bécasses, fromages, œufs, poissons ni quelque « aultre denrée que ce soit venants en lad. Cité, soit es jours de

(1) Police N. H., p. 47.
(2) Reg. mun., 2 juin 1457.
(3) Police N. H., p. 66.
(4) Reg. mun., 5 juin 1443.

« marchiefs et aultres quelconque de toute la sepmaine ». Bien plus, ni eux, ni leurs gens n'avaient le droit de se présenter sur le marché ou dans les rues avoisinantes; et de faire leurs achats, avant que le peuple soit servi, et que la cloche de Saint-Laurent ait été mise en branle par les Commis des Gouverneurs (1).

Il y avait mieux encore. Lorsqu'un marchand en gros ou revendeur venait de conclure un marché, et qu'un citoyen quelconque, « pauvre ou riche », arrivait sur les entrefaites, demandant à avoir une part du butin, il fallait alors que celui-ci la lui livre aussitôt, pour le prix qui venait de lui être consenti, sans pouvoir prélever le plus léger bénéfice, ou essayer de se soustraire à cette nécessité pénible, sous peine d'encourir une amende de 60 sous (2).

Enfin, les Revendeurs ne pouvaient pas aller acheter dans les lieux avoisinants, d'où les habitants avaient coutume de venir vendre à Besançon : l'arrivée de ces étrangers dans la Ville était en effet une source de prospérité pour la population de la Cité, en raison des dépenses plus ou moins fortes qu'ils étaient amenés à y faire, et des achats divers qu'ils y effectuaient, pour le plus grand profit de l'industrie locale (3).

Les boutiques n'étaient pas le seul lieu où il fût permis de vendre. Le marchand, en effet, n'attendait pas toujours sa clientèle à domicile, et on le voyait parfois se déplacer pour aller solliciter celle-ci de différentes manières. Tantôt il faisait crier ses produits par les rues, tantôt il se rendait dans certains lieux déterminés, comme les halles ou les marchés, tantôt, enfin, à certaines dates, il se transportait sur le champ de foire.

Les Crieurs étaient employés par les marchands de vin, et tenaient lieu des prospectus, circulaires, affiches et lettres de faire part de toutes sortes, dont notre époque fait un usage si immodéré. Ils faisaient de la réclame pour le compte du marchand qui les employait, et servaient aussi à contrôler celui-ci dans son commerce (4).

(1) Police N. H., p. 64 *bis*.
(2) Police N. H., p. 65 *bis*.
(3) Police N. H., p. 65 *bis*.
(4) Police N. H., p. 56-57.

Quant au colportage, assez mal vu à cette époque, car il favorisait la fraude, il ne pouvait pourtant être défendu aux Revendeurs, aux petits marchands de fruits, de légumes et de poissons qui allaient, de porte en porte, offrir leurs services aux ménagères. Nous savons même que les Boulangers étaient autorisés à aller crier leurs oublies dans les rues (1).

La vente des différents objets se faisait habituellement, durant la semaine, dans l'atelier du patron ; mais, à certains jours, elle avait lieu aux Halles, où tous les gens d'un même commerce occupaient une place spéciale : il y avait la halle aux grains, la halle au pain, la halle au poisson et à la viande, la halle aux tanneurs, aux drapiers, etc.

Les bancs de ces halles appartenaient à la Ville, qui les mettait chaque année aux enchères, et les louait au plus offrant. C'est ce que nous voyons par les statuts des bouchers et des triplères : ces dernières pouvaient même s'établir aux bancs des bouchers, mais c'était là une faveur exceptionnelle qu'elles devaient payer à beaux deniers comptants (2).

A côté de ces marchés, nous en voyons d'autres, tels que le marché aux bestiaux qui se tenait à Chamars (3); enfin, les statuts des tanneurs nous montrent que deux fois par semaine, le mercredi et le samedi, ces artisans se rendaient dans leurs « chambrettes », situées derrière la Madeleine, et qu'ils louaient à la Ville, pour y mettre en vente certaines espèces de leurs cuirs, dont se servaient les laboureurs (4).

Les foires différaient des marchés en ce qu'elles ne revenaient qu'à de longs intervalles, et avaient tout aussi bien pour objet d'approvisionner la Cité, que de donner un débouché facile à tous les produits de l'industrie locale. Dans de telles conditions, l'on comprend facilement l'importance considérable qu'on leur attribuait, étant donné surtout, — ce sont les textes de l'époque qui le déclarent — que la Cité « a esté « plusieurs fois opprimée par les guerres et autrement, à cause « qu'elle est grandement esloignée de la Majesté Impériale, et

(1) Police N. H., p. 52.
(2) Police N. H., p. 61 *bis*.
(3) Reg. mun., 25 mai 1555.
(4) Police N. N., p. 73.

« parce qu'elle est située en un pays stérile, point marchant ou » propre au traffic, ny voyageable, d'où vient qu'elle n'a point « ou peu de revenus communs pour faire les affaires publi» ques » (1).

Ces foires se tenaient quatre fois par an, sur la place où se trouvait déjà alors la maison commune de la Cité, c'est-à-dire devant l'église Saint-Pierre, et chacune d'elles avait une durée de huit jours. La première commençait la veille de l'Ascension ; la seconde à la Saint-Barthélemy ; la troisième le lendemain de la Saint-Martin ; le quatrième après la fête de la Purification (2). Pour y attirer le plus grand monde possible, l'on délivrait des sauf-conduits à tous les voyageurs et marchands qui passaient sur les terres d'Empire, et ceux-ci voyageaient ainsi « sous la protection spéciale de la Majesté de l'Empereur ou Roi des Romains. »

Sans vouloir nier l'importance de ces foires, il ne faudrait pourtant pas se montrer aussi méprisant et dédaigneux que l'est ce texte d'un anonyme, que je viens de transcrire, pour la Cité de Besançon, et en général pour toute la province franc-comtoise, qu'il qualifie de « pays stérile, point marchant ou propre au traffic ». Nous pouvons répondre à cette appréciation par celle si différente de Pélisson, « l'élégant historiographe (3) » de Louis XIV, qui, retraçant un tableau resté classique de la Franche-Comté, déclare « qu'il n'y a rien de nécessaire à la vie dont la Franche-Comté ne soit fertile », qu'elle mérite bien d'avoir été appelée par quelques écrivains « l'abrégé de la France » ; que de tous les pays, c'est celui qui « peut le plus aisément se passer des autres » ; qu'enfin, si les habitants de ce pays ne jouissaient pas de la richesse de certaines autres contrées, c'est que la fertilité de la région étouffait pour ainsi dire leur industrie au lieu de l'exciter, et les faisait pauvres, « parce que la nature les avait faits riches » (4).

Ce panégyrique, peut-être empreint d'un patriotisme quelque

(1) Franche-Comté. Pièces diverses, p. 26.
(2) Reg. mun., 20 août 1381.
(3) Boussey, *La Franche-Comté sous Louis XIV*, p. 212.
(4) Cité dans le même ouvrage, p. 211.

peu exagéré, suffit en tous cas à nous donner une idée plus juste, et surtout plus riante, de la Franche-Comté et de Besançon aux XVIe et XVIIe siècles (1).

(1) Voir du reste Voltaire : « Cette province, assez pauvre en argent, mais très fertile, bien peuplée.... » *Siècle de Louis XIV*, chap. IX. Edit. Beuchot, t. XIX, p. 300.

CONCLUSION

Il serait inutile, sans doute, d'ajouter de longues réflexions au tableau que nous avons essayé de retracer de la Corporation ouvrière à Besançon, car les conclusions que nous pourrions tirer d'un tel sujet ont déjà été présentées dans tous les livres ayant traité des corps de métiers dans les différentes régions, et, à part quelques points de détail insignifiants, cette institution fut un peu la même partout.

En raison même de la population de Besançon, où prédominèrent pendant fort longtemps les vignerons et les paysans, la Corporation ouvrière ne se constitua qu'assez tard dans cette ville, et jamais — il faut le reconnaître — ne joua un rôle important dans son histoire.

Les premiers corps de métiers naquirent à Besançon, pour répondre aux besoins de la vie journalière de ses habitants, et les communautés qui se constituèrent tout d'abord, furent celles concernant l'alimentation et le commerce des objets de première nécessité. Leur caractéristique essentielle fut d'être libres, et de n'obéir à aucune loi, à aucun statut.

Lorsque la petite république bisontine arriva à jouir d'une administration autonome, l'on vit, dès lors, grâce à l'intervention de celle-ci, apparaître les premières lois véritables de l'organisation du travail, de la police de l'industrie et du commerce, et petit à petit s'érigèrent ces prescriptions strictes et minutieuses dont nous avons parlé, qui, comme nous l'avons dit, devaient chaque jour et insensiblement porter une atteinte de plus en plus sérieuse à la liberté du travail, et faire des métiers libres, des jurandes.

Ce que l'on peut louer généralement aux XVIe et XVIIe siècles dans la Corporation bisontine, ce sont ses habitudes de probité professionnelle ; son esprit de solidarité ; l'autorité des jurés, qui, non seulement protégeaient chacun des membres de la communauté, mais encore assuraient la loyauté du commerce ; enfin l'indivision du travail qui donnait des ouvriers experts dans tout un art ou toute une industrie, aptes à devenir des patrons à la compétence indiscutable.

Ceci suffit pour lui faire pardonner la routine de ses règlements qui parfois tuaient l'initiative de ses artisans, ses chômages trop nombreux, enfin son égoïsme et son exclusivisme !

Vu :
E. CHAMPEAUX.

Vu :
Le Doyen de la Faculté de Droit de l'Université de Dijon,
E. BAILLY.

Vu et permis d'imprimer,
Dijon, le 6 juin 1907,
Le Recteur de l'Académie,
E. BOIRAC.

TABLE DES MATIÈRES

CHAPITRE IX

www.ingramcontent.com/pod-product-compliance
Ingram Content Group UK Ltd.
Pitfield, Milton Keynes, MK11 3LW, UK
UKHW020257250726
13967UKWH00004B/1727